Centre international d'études pédagogiques

Réussir le DELF Prim
guide pédagogique
A1.1
A1

Dorothée Dupleix
Christine Tagliante

didier

Illustrations : Johanna Crainmark, Fabienne Moreau
Couverture : Solène Ollivier
Conception intérieur et mise en page : Nelly Benoit
Crédits CD audio :
Enregistrements, montage et mixage : Fréquence Prod
Lecture : Marie et Louise Mure, Tom Rabat

« Le photocopillage, c'est l'usage abusif et collectif de la photocopie sans autorisation des auteurs et des éditeurs. Largement répandu dans les établissements d'enseignement, le photocopillage menace l'avenir du livre, car il met en danger son équilibre économique. Il prive les auteurs d'une juste rémunération.
En dehors de l'usage privé du copiste, toute reproduction totale ou partielle de cet ouvrage est interdite. »

« La loi du 11 mars 1957 n'autorisant, au terme des alinéas 2 et 3 de l'article 41, d'une part, que les copies ou reproductions strictement réservées à l'usage privé du copiste et non destinées à une utilisation collective » et, d'autre part, que les analyses et les courtes citations dans un but d'exemple et d'illustration, « toute représentation ou reproduction intégrale, ou partielle, faite sans le consentement de l'auteur ou de ses ayants droit ou ayants cause, est illicite. » (alinéa 1er de l'article 40) - « Cette représentation ou reproduction, par quelque procédé que ce soit, constituerait donc une contrefaçon sanctionnée par les articles 425 et suivants du Code pénal. »

© Les Éditions Didier, Paris 2010   ISBN 978-2-278-06414-4   Imprimé en France

SOMMAIRE

Introduction 4

Organisation du livre de l'élève 8

TRANSCRIPTIONS - CORRIGÉS 11

Activités d'entraînement A1.1 12
- Compréhension de l'oral 12
- Compréhension des écrits 15
- Production écrite 16
- Production orale 18

Activités d'entraînement A1 19
- Compréhension de l'oral 19
- Compréhension des écrits 22
- Production écrite 23
- Production orale 24

Ça se passe en France… 27
- En famille 27
- À l'école 30
- À l'extérieur 31
- Au travail 34

Épreuve blanche A1.1 36
- Compréhension de l'oral 36
- Compréhension des écrits 38
- Production écrite 38
- Production orale 40

Épreuve blanche A1 42
- Compréhension de l'oral 42
- Compréhension des écrits 44
- Production écrite 44
- Production orale 46

Introduction

À la suite de l'intérêt manifesté à l'étranger par des établissements déjà centres DELF DALF[1] et TCF[2] (alliances françaises, centres et instituts culturels français, écoles de langues), ainsi que par des ministères en charge de l'éducation, et, en France, par des CASNAV[3] (pour les classes d'initiation : CLIN), le Centre international d'études pédagogiques[4] (CIEP), chargé par son ministère de tutelle de l'évaluation des non-francophones, a conçu un diplôme de français validant les compétences acquises par les enfants à l'école primaire.

Ce nouveau diplôme, le DELF Prim[5], s'intègre dans la gamme des diplômes DELF et en constitue désormais la première étape.

Public	Diplôme	Niveaux CECRL
Enfants de 7 à 11 ans	DELF Prim	A1.1, A1, A2
Adolescents de 12 à 15 ans	DELF scolaire ou junior	A1, A2, B1, B2
Jeunes adultes et adultes	DELF et DALF	A1, A2, B1, B2, C1, C2
Jeunes et adultes en formation linguistique et professionnelle qualifiante	DELF Pro	A1, A2, B1, B2

La démarche méthodologique choisie applique, conformément à l'esprit du *Cadre européen commun de référence pour les langues* (CECRL[6]), une approche actionnelle, par compétences.

Le DELF Prim est constitué de **trois diplômes** indépendants l'un de l'autre, correspondant aux niveaux **A1.1**, **A1** et **A2** du CECRL.
Il permet d'évaluer les quatre compétences langagières :

- **Compréhension de l'oral**
- **Compréhension des écrits**
- **Production orale**
- **Production écrite**

L'obtention de la moyenne (50 points sur 100) à l'ensemble des épreuves permet la délivrance du diplôme DELF correspondant :
– DELF Prim niveau A1.1 (100 points), durée totale : 1 h.
– DELF Prim niveau A1 (100 points), durée totale : 1 h 35.
– DELF Prim niveau A2 (100 points), durée totale : 1 h 50.

Éléments constitutifs de la collection « Réussir le DELF », les ouvrages de préparation au DELF Prim, niveaux A1.1 et A1, puis niveau A2 émanent de la Commission nationale du DELF DALF.
Ils s'adressent aux apprenants ainsi qu'aux enseignants.

---

1. DELF et DALF : Diplôme d'études en langue française et diplôme approfondi de langue française. Ce sont les diplômes nationaux, en français langue étrangère, du ministère de l'Éducation nationale. Créés en 1985, ils ont été harmonisés en 2005 sur l'échelle de niveaux du *Cadre européen commun de référence pour les langues* du Conseil de l'Europe.
2. Le test de connaissance du français (TCF) est le test officiel du ministère de l'Enseignement supérieur et de la Recherche. Il permet de donner un profil linguistique précis dans les quatre compétences langagières et est obligatoire pour les étudiants venant étudier en France en licence 1 et licence 2.
3. Les CASNAV (Centre académique pour la scolarisation des nouveaux arrivants et des enfants du voyage) dépendent du ministère de l'Éducation nationale.
4. CIEP (Centre international d'études pédagogiques), établissement public sous tutelle du ministère de l'Éducation nationale.
5. DELF Prim, diplôme créé par arrêté ministériel du 10 juillet 2009.
6. Division des langues vivantes, Conseil de l'Europe, *Cadre européen commun de référence pour les langues : apprendre, enseigner, évaluer*. Didier, Paris, 2001.

Conformément au concept de la collection « Réussir », l'ouvrage *Réussir le DELF Prim A1.1/A1* propose, outre des activités d'entraînement aux différentes épreuves ainsi qu'un examen « blanc », quatre dossiers socioculturels, dont l'objectif est d'apporter aux enfants de cette classe d'âge des informations concrètes sur la vie des petits Français.

La progression qui permet d'atteindre chaque niveau est directement liée à la description qui en est faite dans les référentiels A1.1, A1 et A2[7]. Elle vise à permettre l'acquisition, puis la maîtrise des connaissances linguistiques et communicatives, dans une dynamique positive et valorisante.

DESCRIPTION DE L'OUVRAGE *RÉUSSIR LE DELF PRIM A1.1/A1*

• **Pour l'apprenant**, un ouvrage comportant :
– des activités d'apprentissage variées reprenant les descripteurs des référentiels des niveaux A1.1 et A1 ; ces activités préparent l'enfant au format des épreuves de l'examen ;
– quatre dossiers socioculturels illustrés, accompagnés d'activités ludiques à réaliser ;
– une épreuve blanche.

• **Pour l'enseignant**, un guide pédagogique comprenant :
– les transcriptions des activités de compréhension orale ;
– les corrigés des activités ;
– un CD audio.

• **Des petits personnages** – les mascottes officielles du DELF Prim – signalent la compétence langagière travaillée.

Compréhension de l'oral   Compréhension des écrits   Production écrite   Production orale

• **L'ouvrage *Réussir le DELF Prim A1.1/A1* permet à l'enfant :**
– de découvrir des activités qui, sous une forme ludique, valorisent ses premiers apprentissages ;
– de renforcer sa motivation dans la poursuite de l'apprentissage du français ;
– de découvrir la réalité quotidienne des petits Français ;
– de se mettre en situation d'examen pour la première fois, de façon à la fois ludique et officielle, et donc d'en avoir une représentation positive.

• **L'ouvrage *Réussir le DELF Prim A1.1/A1* donne à l'enseignant :**
– des informations sur la réalité quotidienne des petits Français ;
– la possibilité, grâce à un CD audio comprenant les supports des activités de compréhension orale, de faire entendre à ses élèves d'autres voix que la sienne, et surtout de nombreuses voix d'enfants français ;
– la possibilité de se remettre en mémoire des comptines et chansons traditionnelles ;
– un outil qui lui permet d'identifier clairement les acquis, les difficultés et d'ajuster les pratiques pédagogiques si nécessaire ;
– un outil qui, au final, lui permet de présenter l'enfant à l'un ou l'autre des deux premiers niveaux de l'examen, sans crainte d'échec.

---

7. Jean-Claude Beacco, Mariela De Ferrari, Gilbert Lhote, Christine Tagliante, *Niveau A1.1 pour le français. Référentiel et certification (DILF) pour les premiers acquis en français*. Didier, Paris, 2005.
Jean-Claude Beacco, Rémy Porquier, *Niveau A1 pour le français*. Didier, Paris, 2007.
Jean-Claude Beacco, Sylvie Lepage, Rémy Porquier, Patrick Riba, *Niveau A2 pour le français. Un référentiel*. Didier, Paris, 2008.

Introduction

LE DELF PRIM ET LE CADRE DE RÉFÉRENCE DU CONSEIL DE L'EUROPE

Le *Cadre européen commun de référence pour les langues : apprendre, enseigner, évaluer*, élaboré par les experts de la Division langues vivantes du Conseil de l'Europe, présente six niveaux de compétences en langues, du niveau A1 au niveau C2.
Deux niveaux concernent l'utilisateur élémentaire (niveaux A1 et A2), deux autres décrivent les compétences de l'utilisateur indépendant (niveaux B1 et B2, le niveau B1 étant mieux connu sous le nom de « Niveau seuil »), les deux derniers niveaux (C1 et C2) présentent les compétences de l'utilisateur expérimenté.
Le Conseil de l'Europe n'a pas figé ces six niveaux. Il autorise explicitement la partition de chacun des niveaux en une, deux, voire trois parties, que l'on peut décrire et spécifier pour des besoins particuliers[8].

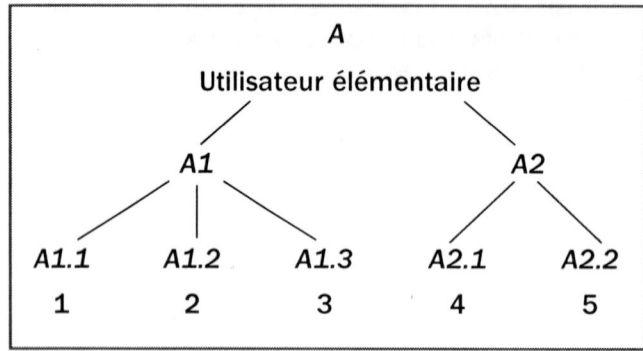

C'est ainsi que le niveau A1.1 a été créé en 2005 par une équipe d'experts et de linguistes. Ce niveau a été validé par le Conseil de l'Europe. Ses éléments constitutifs sont spécifiés dans un référentiel, qui comprend, comme pour tous les autres niveaux :
– les caractéristiques générales du niveau ;
– les descripteurs de la compétence de communication ;
– les réalisations des fonctions (ou actes de langage) ;
– les réalisations des notions générales ;
– la spécification des connaissances grammaticales ;
– un lexique.

Pour créer un diplôme pour enfants d'environ 7 à 11 ans, il a fallu réécrire les descripteurs de la compétence de communication afin de les adapter à cette classe d'âge.

Il va de soi que les activités proposées dans les épreuves de l'examen ne sont pas toujours ce que l'on appelle désormais des « tâches » communicatives ou actionnelles, car les enfants ont d'autres types d'activités que les adultes. Le jeu a une grande place dans leur quotidien. Nous en avons tenu compte dans cet ouvrage et nous proposons un grand nombre d'activités ludiques ou faisant appel à des compétences de type stratégique, logique, qui permettent aux enfants de réfléchir et de s'approprier un fait linguistique.

Il y a cependant également des tâches à accomplir, qui prennent comme supports des documents audio, visuels, écrits et imagés.
Ces activités ont pour but d'éviter par exemple une écoute « gratuite », limitée à une explication de texte des dialogues, et permet de centrer l'attention de l'élève sur certains éléments clés.

---

8. *CECRL*, p. 25.

Le professeur a un rôle d'animateur, d'organisateur de l'activité, de sollicitation des élèves. C'est lui qui, en fonction de son public, saisira toutes les opportunités de créer un moment de parler « vrai », en réutilisant, autant que faire se peut, des éléments vus dans les dialogues ou les documents écrits. Cette communication à l'intérieur de la classe est directement transposable à des situations de communication que l'apprenant peut rencontrer avec des locuteurs natifs.

Ce guide suit, pas à pas et page à page, les activités proposées dans le livre, en donne les corrigés et le cas échéant les transcriptions.

Les activités sont de trois sortes et couvrent l'ensemble des compétences langagières (compréhension et production orales et écrites) :

1. Des activités d'entraînement pour se familiariser, pour chaque capacité langagière, à la réalisation des descripteurs des niveaux A1.1 et A1.
2. Des activités liées aux informations données dans les quatre dossiers socioculturels :
– domaine personnel (*En famille*) ;
– domaine éducationnel (*À l'école*) ;
– domaine public (*À l'extérieur*) ;
– domaine professionnel (*Au travail*).
3. Deux épreuves blanches, qui permettront à l'enseignant de présenter ses élèves à l'un ou l'autre des deux niveaux.

Organisation du livre de l'élève

1. COMPRENDRE LES CONSIGNES ET LES PICTOGRAMMES

Avant d'aborder les activités d'entraînement, il est impératif de faire connaître aux élèves le sens des pictogrammes qui se trouvent devant les consignes.
Ces consignes et ces mêmes pictogrammes sont ceux qui apparaissent dans les sujets d'examens. Les élèves doivent les reconnaître sans se tromper.

2. LES ACTIVITÉS D'ENTRAÎNEMENT DE NIVEAU A1.1

Ces activités vont permettre aux élèves de se familiariser avec les exercices qui seront proposés dans les sujets d'examens, de vérifier s'ils sont capables de produire ou de comprendre ce que les descripteurs du niveau A1.1 spécifient.

Les activités sont réparties d'une part par compétence et d'autre part par descripteur :
– compréhension de l'oral et des écrits,
– production écrite et interaction orale.

- **Pour la compréhension de l'oral : 6 activités pour s'entraîner à :**
  – comprendre une information très simple ;
  – comprendre des instructions très simples ;
  – comprendre une description très simple.

- **Pour la compréhension des écrits : 5 activités pour s'entraîner à :**
  – comprendre des informations très simples ;
  – comprendre un message, une carte postale, une affiche ;
  – comprendre une description simple ou des instructions simples.

- **Pour la production écrite : 4 activités pour s'entraîner à :**
  – écrire des informations personnelles ;
  – compléter un message ou une histoire très simples ;
  – écrire un message très simple.

- **Pour la production orale : 4 activités pour s'entraîner à :**
  – parler de soi (Entretien dirigé) ;
  – exprimer ses goûts (Échange d'informations) ;
  – faire une description simple (Échange d'informations).

3. LES ACTIVITÉS D'ENTRAÎNEMENT DE NIVEAU A1

Ces activités vont permettre aux élèves de se familiariser avec les exercices qui seront proposés dans les sujets d'examens, de vérifier s'ils sont capables de produire ou comprendre ce que les descripteurs du niveau A1 spécifient.

Comme pour le niveau A1.1, les activités sont réparties d'une part par compétence et d'autre part par descripteur :
– compréhension de l'oral et des écrits,
– production écrite et interaction orale.

- **Pour la compréhension de l'oral : 6 activités pour s'entraîner à :**
  – comprendre une information simple ;
  – comprendre une instruction simple ;
  – comprendre une description simple.

- **Pour la compréhension des écrits : 8 activités pour s'entraîner à :**
  - comprendre un message personnel, une carte postale ;
  - comprendre des descriptions simples ;
  - comprendre une affiche, une publicité ;
  - comprendre un court article simple.

- **Pour la production écrite : 7 activités pour s'entraîner à :**
  - compléter une fiche, un formulaire ;
  - écrire un petit message simple.

- **Pour la production orale : 5 activités pour s'entraîner à :**
  - parler de soi (Entretien dirigé) ;
  - raconter et échanger à propos d'un événement (Échange d'informations) ;
  - demander, choisir quelque chose (Dialogue simulé).

4. ÇA SE PASSE EN FRANCE...

Chaque dossier illustre un domaine du CECRL (personnel, éducationnel, public, professionnel) et donne lieu à un grand nombre d'activités qui abordent ces quatre domaines[9] dans des contextes compréhensibles par des enfants et liés à leur vie quotidienne.

De même, les thématiques qui illustrent les activités (lieux, institutions, personnes, objets, événements, actes et textes) sont, dans la mesure du possible, présentées sous une forme ludique.

5. ÉPREUVE BLANCHE DELF PRIM A1.1

L'épreuve blanche comporte très exactement le même nombre et le même type d'épreuves que l'examen DELF Prim A1.1, à savoir :

- **Pour la compréhension de l'oral : 3 exercices**
  – **Exercice 1** : comprendre une information simple
  Il s'agit de 5 petits dialogues dont un exemple. Les dialogues sont répétés 2 fois.
  Il y a une question après chaque dialogue, sous forme de QCM imagé (3 choix).
  – **Exercice 2** : comprendre une instruction simple, une consigne simple
  Il s'agit de 4 instructions entendues 2 fois chacune. Il faut apparier les 4 instructions aux 4 dessins correspondants.
  – **Exercice 3** : comprendre une description simple
  Il s'agit de 3 petits dialogues répétés 2 fois. Les questions sont sous forme de QCM imagé (4 choix).

- **Pour la compréhension des écrits : 3 exercices**
  – **Exercice 1** : comprendre des informations simples
  Le candidat doit trouver 4 mots d'une liste, représentés par plusieurs images.
  – **Exercice 2** : comprendre une affiche ou un autre document
  Trois questions (ouvertes et QCM) sont proposées pour vérifier la compréhension du document.
  – **Exercice 3** : comprendre des instructions
  Il s'agit d'apparier 6 instructions et 6 images (un exemple est proposé).

- **Pour la production écrite : 3 exercices**
  – **Exercice 1** : écrire des informations personnelles
  Le candidat doit compléter (écrire ou recopier) une fiche, un formulaire, une carte en fonction des dessins proposés.
  – **Exercice 2** : compléter un message ou une histoire simple
  Le candidat doit compléter une carte postale, une lettre, un message en écrivant des mots qui correspondent aux images proposées.

---

9. *CECRL*, p. 43.

Organisation du livre de l'élève

– **Exercice 3** : écrire un petit message
Il s'agit d'écrire des informations simples : une phrase d'introduction, une liste de mots, des salutations et une signature. Des images sont proposées à l'enfant pour l'aider dans sa production.

- **Pour la production orale : 3 activités**
  – **Activité 1 - Entretien dirigé : parler de soi**
  Des questions simples sont posées à l'enfant pour qu'il parle de lui et de son environnement familier.
  – **Activité 2 - Échange d'informations : exprimer ses goûts**
  Trois dessins sont présentés à l'enfant qui devra exprimer ses goûts en fonction de ce que représentent ces images (aliments, sports, activités...)
  – **Activité 3 - Échange d'informations : faire une description simple** (décrire des personnages, des lieux)
  L'enfant doit décrire des personnages mis en situation (photo ou dessin).

6. ÉPREUVE BLANCHE DELF PRIM A1

- **Pour la compréhension de l'oral : 3 exercices**
  – **Exercice 1** : comprendre des informations simples
  Il s'agit de 5 petits messages dont un exemple. Les messages sont répétés 2 fois.
  Le candidat doit trouver le dessin illustrant la bonne réponse.
  – **Exercice 2** : comprendre des situations simples
  Il s'agit de 4 petits dialogues entendus 2 fois chacun. Il faut apparier chaque dialogue au dessin correspondant.
  – **Exercice 3** : comprendre un message simple
  Il s'agit d'un message répété 2 fois. Les questions sont sous forme de QCM imagé (4 choix).

- **Pour la compréhension des écrits : 4 exercices**
  – **Exercice 1** : comprendre un message personnel, une carte postale
  Il s'agit d'un petit texte. Il faut répondre à 4 questions ouvertes ou QCM.
  – **Exercice 2** : comprendre des instructions simples
  L'enfant doit lire des instructions puis les apparier avec les images qui correspondent.
  Il y a 5 instructions et 6 images.
  – **Exercice 3** : comprendre une affiche, une publicité
  Il s'agit d'un document informatif suivi de 4 questions ouvertes ou QCM.
  – **Exercice 4** : comprendre un court article simple
  L'enfant doit lire un article puis répondre à 4 questions ouvertes ou QCM.

- **Pour la production écrite : 2 exercices**
  – **Exercice 1** : compléter un formulaire
  L'enfant doit compléter une fiche de renseignements en écrivant des informations personnelles : prénom, âge, date de naissance, adresse...
  – **Exercice 2** : rédiger un message simple
  Il s'agit d'écrire un message (courriel, carte postale) de 5 lignes environ. Des images sont proposées à l'enfant pour l'aider.

- **Pour la production orale : 3 activités**
  – **Activité 1 - Entretien dirigé : parler de soi**
  Des questions sont posées à l'enfant. Elles lui permettent de parler de lui-même, de sa famille, de ses goûts et de ses activités.
  – **Activité 2 - Échange d'informations : raconter et échanger à propos d'un événement**
  À partir d'une série d'images, l'enfant doit raconter une histoire ou un événement avec ses propres mots.
  – **Activité 3 - Dialogue simulé : demander, choisir quelque chose**
  À partir d'images, l'enfant devra interagir dans une situation donnée en jouant un rôle (à l'école, dans un magasin...).

TRANSCRIPTIONS CORRIGÉS

Activités d'entraînement

 ## Compréhension de l'oral

Je peux comprendre une information très simple

Activité 1 → pages 8-9

TRANSCRIPTIONS*

Écoute les dialogues. Lis les questions et entoure le bon dessin.

Dialogue 1
- Tu as vu le chien ?
- Oui, il est dans la cuisine, il dort.
- Ok, je vais dans la cuisine.

Dialogue 2
- Comment est ta poupée préférée ?
- Elle a les cheveux jaunes et une robe rouge.
- Des cheveux jaunes et une robe rouge, elle est très jolie !

Dialogue 3
- Federico, quel est ton plat préféré ?
- J'adore les pâtes avec de la sauce tomate.
- Des pâtes à la sauce tomate ? C'est très bon.

Dialogue 4
- Paulo, qu'est-ce que tu fais après l'école ?
- Je joue au football avec mes copains.
- Moi aussi, je joue au foot.

Dialogue 5
- Qu'est-ce que je dois prendre ?
- Prends tes vêtements de sport pour le cours de gymnastique !

CORRIGÉ :
1. Premier dessin - 2. Dessin du milieu - 3. Troisième dessin - 4. Premier dessin - 5. Troisième dessin

Activité 2 → page 10

TRANSCRIPTIONS

Regarde les dessins. Écoute les messages et note le numéro du message sous le dessin correspondant.

Message 1
- Il est où, Pablo ?
- Il est dans le jardin. Il joue avec ses copains.
Écris le chiffre 1 dans la bonne case.

Message 2
- Où est Marya ?
- Marya, elle est dans la cuisine. Elle prépare le déjeuner.
Écris le chiffre 2 dans la bonne case.

Message 3
- Et Hassen, il est où ?
- Il est dans sa chambre. Il fait ses devoirs.
Écris le chiffre 3 dans la bonne case.

Message 4
- Tu sais où est Narjès ?
- Oui, elle est au zoo avec sa classe.
Écris le chiffre 4 dans la bonne case.

CORRIGÉ :
En haut : dessin de gauche → message 3 ; dessin de droite → message 4
En bas : dessin de gauche → message 1 ; dessin de droite → message 2

---

* Les transcriptions sont enregistrées sur le CD accompagnant ce guide.

A1.1

Je peux comprendre des instructions très simples

Activité 3 → page 10

> **TRANSCRIPTIONS**
>
> Tiago et Amélie prennent le petit déjeuner. Écoute bien les instructions.
> Par exemple, quand tu entends : « Mets un bol sur la table », tu dois relier le bol et la table.
> 1. Mets une cuillère et un couteau à gauche du bol de Tiago.
> 2. Mets une bouteille de jus d'orange à côté d'Amélie.
> 3. Mets du pain sur la table, au milieu.
> 4. Mets une bouteille de lait sur le réfrigérateur.
> 5. Mets 6 œufs à droite d'Amélie sur le meuble.

> **CORRIGÉ :**
> Vérifier que chaque élément est placé au bon endroit sur le dessin.

Activité 4 → page 11

> **TRANSCRIPTIONS**
>
> Les enfants jouent à « Jacques a dit ». Tu vas entendre des messages.
> Note le numéro du message sous le dessin correspondant.
>
> Les enfants, nous allons jouer au jeu « Jacques a dit ». Vous êtes prêts, c'est parti !
>
> **Message 1**
> Jacques a dit : « Lève les bras ! ».
>
> **Message 2**
> Jacques a dit : « Touche ton nez ! ».
>
> **Message 3**
> Jacques a dit : « Mets tes mains sur ta tête ! ».
>
> **Message 4**
> Jacques a dit : « Lève la jambe droite ! ».
>
> **Message 5**
> Jacques a dit : « Touche tes pieds ! ».
>
> **Message 6**
> Jacques a dit : « Mets tes mains derrière ton dos ! ».

> **CORRIGÉ :**
> **Rangée du haut** : dessin de gauche → message 5 ; dessin du milieu → message 2 ; dessin de droite → message 6
> **Rangée du bas** : dessin de gauche → message 3 ; dessin du milieu → message 1 ; dessin de droite → message 4

Activités d'entraînement

Je peux comprendre une description très simple

Activité 5 → page 12

TRANSCRIPTIONS

Écoute et colorie les objets.

1. Dans la cuisine de mes parents, il y a une table rouge, 2 chaises vertes et 2 chaises bleues.
2. Dans ma chambre, mon lit est vert, mon bureau est bleu. Devant mon lit, il y a une voiture verte.
3. Dans le salon de ma mamie, la télévision est noire. Il y a un canapé marron et 2 fauteuils noirs. Il y a aussi un tapis rouge.

CORRIGÉ :
L'enfant doit identifier l'objet mentionné ainsi que la couleur énoncée.
Premier dessin : table rouge, 2 chaises vertes, 2 chaises bleues - Deuxième dessin : lit vert, bureau bleu, voiture verte - Troisième dessin : télévision noire, canapé marron, 2 fauteuils noirs, tapis rouge

Activité 6 → page 12

TRANSCRIPTIONS

Regarde les dessins. Écoute les dialogues et coche la case sous le dessin correspondant.

Dialogue 1
- Coucou Cécilia, Massimo m'a dit que tu avais eu un animal pour ton anniversaire ?
- Oui, j'ai eu un lapin blanc ! Il a des grandes oreilles noires et le nez tout noir.

Écoute encore.

Dialogue 1
- Coucou Cécilia, Massimo m'a dit que tu avais eu un animal pour ton anniversaire ?
- Oui, j'ai eu un lapin blanc ! Il a des grandes oreilles noires et le nez tout noir.

Dialogue 2
- Tu as ton cartable pour la rentrée ?
- Oui, c'est un sac à dos rouge.
- Avec un dessin ?
- Oui, il y a des fleurs sur mon cartable.

Écoute encore.

Dialogue 2
- Tu as ton cartable pour la rentrée ?
- Oui, c'est un sac à dos rouge.
- Avec un dessin ?
- Oui, il y a des fleurs sur mon cartable.

Dialogue 3
- Tu connais mon frère ?
- Non, il est comment ?
- Il est grand, il a les cheveux courts, noirs et il a des lunettes bleues !

Écoute encore.

Dialogue 3
- Tu connais mon frère ?
- Non, il est comment ?
- Il est grand, il a les cheveux courts, noirs et il a des lunettes bleues !

Dialogue 4
- Tu viens chez moi demain ?
- Oui, mais tu habites où Paolo ?
- J'habite dans une petite maison, avec un jardin. On pourra jouer au foot !

Écoute encore.

Dialogue 4
- Tu viens chez moi demain ?
- Oui, mais tu habites où Paolo ?
- J'habite dans une petite maison, avec un jardin. On pourra jouer au foot !

Dialogue 5
- Elle est jolie ta maman, Charline ?
- Oui, elle est très jolie, elle a les cheveux noirs et les yeux bleus.

Écoute encore.

Dialogue 5
- Elle est jolie ta maman, Charline ?
- Oui, elle est très jolie, elle a les cheveux noirs et les yeux bleus.

CORRIGÉ :
1. deuxième dessin - 2. troisième dessin - 3. premier dessin, en bas, à gauche. - 4. quatrième dessin - 5. troisième dessin

Compréhension des écrits

Je peux comprendre des informations très simples

Activité 1 → page 14

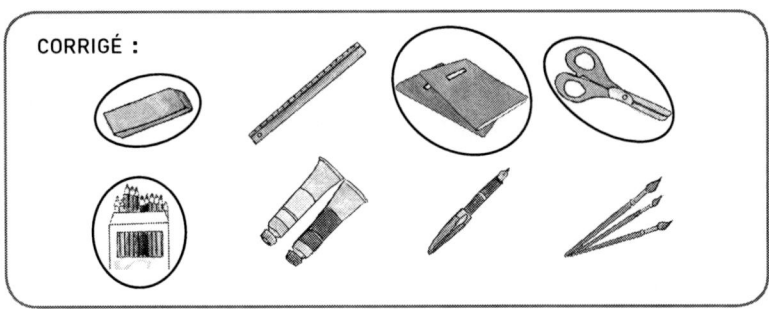

Activité 2 → page 14

Informations complémentaires :

La Chandeleur est une fête religieuse chrétienne que l'on célèbre le 2 février. Il s'agit de la commémoration de la présentation de l'enfant Jésus au Temple de Jérusalem. Aujourd'hui, on connaît surtout la Chandeleur en tant que jour des crêpes.

Dans les recettes de cuisine, on utilise souvent le mot « ingrédients » à la place du mot « produits », alors que ces deux mots ont la même signification.

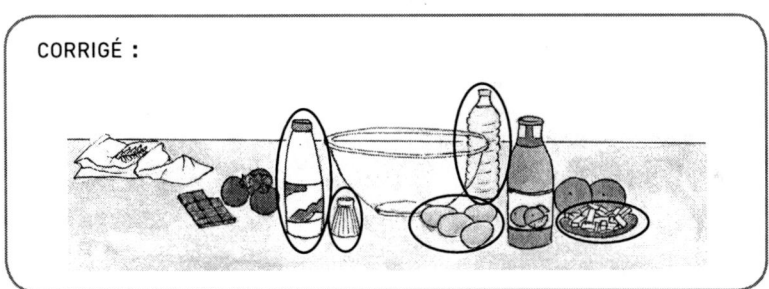

Je peux comprendre un message, une carte postale, une affiche

Activité 3 → page 15

> CORRIGÉ :
> 1. Samedi 20 juin - 2. une glace (deuxième dessin) -
> 3. jouer

Activité 4 → page 16

> CORRIGÉ :
> 1. le mardi - 2. du raisin (deuxième dessin) -
> 3. des radis

Je peux comprendre une description simple ou des instructions simples

Activité 5 → page 17

> CORRIGÉ :
> 1. c - 2. d - 3. b - 4. f - 5. a - 6. e

CORRIGÉS • 15

Activités d'entraînement

 Production écrite

Je peux écrire des informations personnelles

Activité 1 → page 18

> CORRIGÉ :
>
> **FICHE D'INSCRIPTION**
> Bibliothèque Marcel Pagnol
>
> Prénom : **Samia**
>
> Âge : **8 ans/8/huit ans**
>
> École : **École des Mimosas/Les Mimosas**
>
> Activités préférées : **vélo/bicyclette ; ordinateur/jeux vidéo/Internet**

Je peux compléter un message ou une histoire très simples

Activité 2 → page 19

> CORRIGÉ :
>
> Salut !
>
> Vive les vacances ! Je suis content ! J'aime les vacances. Je suis au bord de la mer. Je suis avec mon **ami/mon copain/mon père/mon frère/mon oncle**… et ma **copine/ma mère/ma sœur/ma tante**…
> Tous les jours, je vais à la plage avec mes **copains/mes amis/mes cousins**… Nous jouons au **ballon**. Il fait très beau, il y a du **soleil**.
> **Je nage/Je me baigne**… et **je dors/je fais la sieste/je me repose**…
> Et toi, comment ça va ?
>
> Gros bisou
> Michaël

Je peux écrire un message très simple

Activité 3 → page 20

Au niveau A1.1, le jeune apprenant est capable d'écrire une liste de choses à acheter ou à faire. Il peut également écrire des quantités.

Dans cette activité, l'apprenant doit donc écrire une liste de courses comprenant 5 produits à acheter : fruits, légumes, épicerie, viande…, éventuellement produits de toilette (savon) ou produits d'entretien (lessive).

A1.1

Activité 4 → page 21

Au niveau A1.1, le jeune apprenant est également capable d'écrire un message simple et court relatif à la vie quotidienne comportant quelques détails personnels.

Dans cette activité, il devra donc demander simplement de faire quelque chose (*Tu peux acheter...*), énumérer 5 produits alimentaires à acheter, remercier ou prendre congé et signer son message.

Pour évaluer la production de l'apprenant, vous pouvez utiliser la grille d'évaluation de l'épreuve du DELF Prim A1.1 :

	Ø Non répondu ou pas assez de matière évaluable	– A1.1 non acquis	+ A1.1 partiellement acquis	++ A1.1 acquis
Capacité à donner des informations simples La production est en adéquation avec le type de message demandé.	☐ 0	☐ 1	☐ 2	☐ 3
La production permet au destinataire du message de réaliser la tâche demandée.	☐ 0	☐ 1	☐ 2	☐ 3
Lexique/orthographe lexicale Peut utiliser des mots isolés, disparates ainsi qu'un nombre limité d'expressions très simples sur des besoins de type courant. La graphie peut être phonétique.	☐ 0	☐ 1	☐ 2	☐ 3
Morphosyntaxe/orthographe grammaticale Peut utiliser, de façon non systématique et non maîtrisée, certaines structures morphosyntaxiques très simples.	☐ 0		☐ 1	

Total : ..../ 10 points

Activités d'entraînement A1.1

 Production orale

Je peux parler de moi

Activité 1 → page 22

Au niveau A1.1, le jeune apprenant est capable de répondre à des questions simples sur lui, sa famille et son environnement immédiat.

Voici, dans les quatre domaines répertoriés dans le *Cadre européen commun de référence pour les langues*, le type de questions que vous pouvez poser à l'enfant pour le familiariser avec celles qui lui seront posées le jour de l'examen.

- **Domaine personnel**
  - Comment tu t'appelles ? (avec toutes les variantes : Comment t'appelles-tu ? Quel est ton nom ?)
  - C'est ton prénom ?
  - Où est-ce que tu habites ? (Tu habites où ?)
  - Tu peux décrire ta chambre ?
  - Comment s'appelle ton papa ?
  - Comment s'appelle ta maman ?
  - Tu as des frères ? Des sœurs ?
  - Quel est leur prénom ?
  - Où est-ce que tu es né(e) ?
  - Quelle est ta nationalité ?
  - Tu as un animal à la maison ? Comment est-ce qu'il s'appelle ?
- **Domaine éducationnel**
  - Tu apprends une autre langue que le français ?
  - Qu'est-ce que tu aimes à l'école ?
  - Est-ce que tu déjeunes à l'école ? Qu'est-ce tu manges ?
  - À quelle heure commence l'école le matin ?
  - À quelle heure finit-elle ?
- **Domaine public**
  - Tu connais des chansons françaises ? Lesquelles ?
  - Quelle est ta couleur préférée ?
  - Il y a des magasins dans ta rue ? Lesquels ?
  - Est-ce que tu aimes voyager ? Prendre le train ?
- **Domaine professionnel**
  - Qu'est-ce que tu veux faire quand tu seras grand ? (Quel métier ?)
  - Quel métier fait ton papa ?
  - Quel métier fait ta maman ?
  - Quel métier est-ce que tu aimes ?
  - Est-ce que maître (ou maîtresse) c'est un bon métier ?

Activité 2 → page 22

Dans cette activité, l'enfant va être amené à dire ce qu'il aime et ce qu'il n'aime pas. Il pourra utiliser les éléments suivants : « J'aime - Je n'aime pas - J'adore - Je déteste - Je préfère… »

Déroulement de l'activité

- Débutez en présentant l'activité aux enfants. Expliquez clairement la consigne.
- N'hésitez pas à vous assurer que l'enfant a bien compris et à l'encourager à répondre (paraphrase, gestes, si besoin).
- Indiquez à l'enfant qu'il peut faire répéter un mot ou faire clarifier la question.
- Laissez à l'enfant le temps de s'exprimer et de réfléchir.

Activité 3 → page 23

La démarche est la même que pour l'activité 2.

Activité 4 → page 23

Déroulement de l'activité

- Débutez en présentant l'activité aux enfants. Expliquez clairement la consigne.
- Après la description, posez les questions suivantes :
  - Où sont-ils ? Qu'est-ce qu'ils font ?
  - Comment est la météo dans chaque dessin ?
  - Donnez-moi le nom des 4 saisons en français.

Activités d'entraînement — A1

 **Compréhension de l'oral**

Je peux comprendre une information simple

Activité 1 → page 26

TRANSCRIPTIONS

Écoute les messages :
1. Relie le prénom de l'enfant au vêtement qui correspond.
2. Colorie le rond avec la couleur préférée de chaque enfant.

Message 1
Je m'appelle Suzy. J'adore porter des pantalons. Ma couleur préférée, c'est le jaune !
Écoute encore.
Message 1
Je m'appelle Suzy. J'adore porter des pantalons. Ma couleur préférée, c'est le jaune !

Message 2
Salut, je m'appelle Pablo. J'adore les shorts, surtout les shorts bleus car j'adore la couleur bleue.
Écoute encore.
Message 2
Salut, je m'appelle Pablo. J'adore les shorts, surtout les shorts bleus car j'adore la couleur bleue.

Message 3
Moi, c'est Isabelle. J'aime beaucoup les robes. Ma couleur préférée, c'est le violet.
Écoute encore.

Message 3
Moi, c'est Isabelle. J'aime beaucoup les robes. Ma couleur préférée, c'est le violet.

Message 4
Coucou ! Moi, je suis Hassen. J'adore porter des chemises blanches. La couleur que je préfère, c'est le vert.
Écoute encore.
Message 4
Coucou ! Moi, je suis Hassen. J'adore porter des chemises blanches. La couleur que je préfère, c'est le vert.

Message 5
Bonjour, je m'appelle Lenny. Je porte tous les jours des tee-shirts. Ma couleur préférée, c'est le rouge.
Écoute encore.
Message 5
Bonjour, je m'appelle Lenny. Je porte tous les jours des tee-shirts. Ma couleur préférée, c'est le rouge.

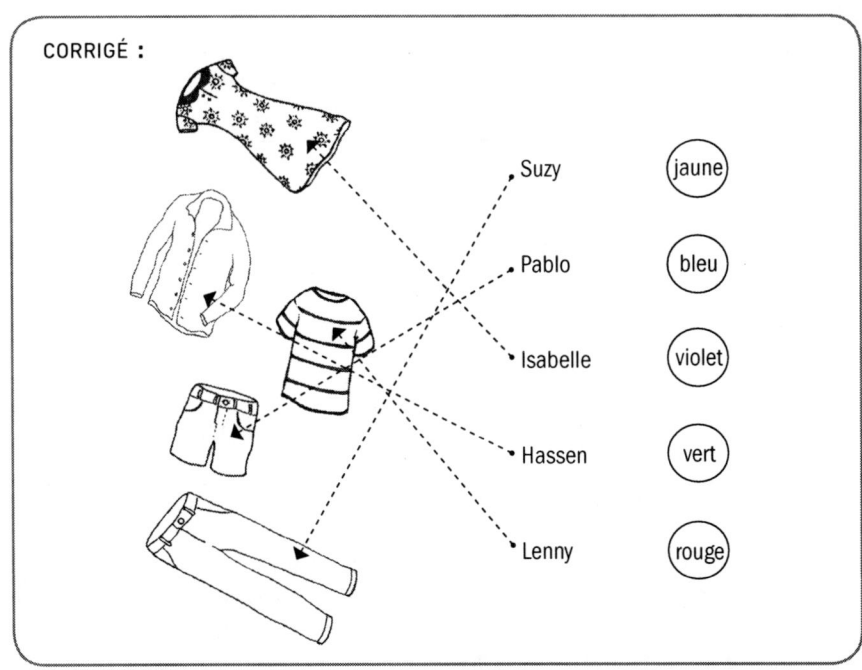

CORRIGÉ :

- Suzy — pantalon — jaune
- Pablo — short — bleu
- Isabelle — robe — violet
- Hassen — chemise — vert
- Lenny — tee-shirt — rouge

TRANSCRIPTIONS ET CORRIGÉS • 19

Activités d'entraînement

Activité 2 → page 26

> **TRANSCRIPTIONS**
>
> Regarde les dessins. Écoute les messages et note le numéro du message à côté du dessin correspondant.
>
> **Message 1**
> J'adore faire du vélo avec mes copains dans la forêt, c'est génial ! Mais je déteste marcher, c'est trop fatigant !
>
> **Message 2**
> Aujourd'hui, il fait beau. Je vais me promener dans la campagne avec mon chien et mes parents. J'aime beaucoup la nature.
>
> **Message 3**
> L'hiver, j'aime la montagne car on peut faire du ski et jouer dans la neige. L'été, je préfère aller à la plage.
>
> **Message 4**
> Je vais souvent à la piscine avec mes copines. C'est super ! Je n'aime pas aller au foot avec mon frère, c'est trop dangereux.

> **CORRIGÉ :**
> Rangée du haut : dessin de gauche → 3 ; dessin de droite → 1
> Rangée de du bas : dessin de gauche → 4 ; dessin de droite → 2

Je peux comprendre une instruction simple

Activité 3 → page 27

> **TRANSCRIPTIONS**
>
> Écoute les instructions et note le numéro à côté du dessin qui correspond.
>
> **Instruction 1**
> – Passe-moi ta gomme s'il te plaît !
> – Ma gomme ?
> – Oui, ta gomme. Regarde, ma feuille est sale.
>
> **Instruction 2**
> – Je voudrais ce livre s'il vous plaît.
> – Oui, tiens, le voilà, tu peux le garder 8 jours !
> – 8 jours, c'est tout ?
> – Eh oui !
>
> **Instruction 3**
> – Chacun son tour ! Chacun son tour ! Restez bien rangés derrière moi !
>
> **Instruction 4**
> – Donne-moi ton plateau. Qu'est-ce que tu veux ? De la viande ou du poisson ?

> **CORRIGÉ :**
> Rangée du haut : dessin de gauche → 3 ; dessin de droite → 2
> Rangée de du bas : dessin de gauche → 1 ; dessin de droite → 4

Activité 4 → page 27

> **TRANSCRIPTIONS**
>
> Écoute les instructions et note le numéro à côté du dessin qui correspond.
>
> **Instruction 1**
> – Allez chercher un chariot, s'il vous plaît. Tenez, voilà un euro.
>
> **Instruction 2**
> – Baisse un peu le son !
> – Comment ?
> – Baisse un peu le son je te dis, je n'entends rien !
>
> **Instruction 3**
> – Donne ton bras, ferme les yeux, n'aie pas peur, ça ne fait pas mal !
>
> **Instruction 4**
> – Attention, ne traverse pas ! Regarde, le feu est vert. C'est pour les voitures, pas pour nous !

20 • TRANSCRIPTIONS ET CORRIGÉS

A1

> **CORRIGÉ :**
> Rangée du haut : dessin de gauche → 2 ; dessin de droite → 3
> Rangée de du bas : dessin de gauche → 1 ; dessin de droite → 4

Je peux comprendre une description simple

Activité 5 → page 28

> **TRANSCRIPTIONS**
>
> Lis les 4 questions. Regarde les dessins. Écoute le message et réponds aux questions. Coche la bonne réponse. Nous commençons. Écoute bien !
>
> Salut, c'est Nathan ! Je t'invite chez moi dimanche à midi pour fêter mon anniversaire. On va déjeuner dans le jardin avec mes parents et mes grands-parents. L'après-midi, on va jouer dans le jardin avec mes cousins ! Viens à 16 h ! Au revoir, à demain !

> **CORRIGÉ :**
> 1. Dimanche - 2. 12 h - 3. avec les parents et les grands-parents de Nathan (dessin du milieu) - 4. Ils vont jouer dans le jardin avec les cousins de Nathan (premier dessin).

Activité 6 → page 29

> **TRANSCRIPTIONS**
>
> Lis les 3 questions. Regarde les dessins. Écoute le message et réponds aux questions. Coche la bonne réponse. Nous commençons. Écoute bien !
>
> Salut Stefano, c'est Roselyne ! Je t'appelle car demain on va visiter le grand aquarium du musée avec le professeur de français. On part de l'école à 9 h. Le professeur demande d'apporter des choses pour la visite. Il faut que tu apportes tes crayons de couleur et un grand cahier. N'oublie pas de prendre ton déjeuner. À demain !

> **CORRIGÉ :**
> 1. Demain, Stefano et Roselyne vont visiter le grand aquarium (dessin de droite, en bas). - 2. à 9 h - 3. Il faut apporter des crayons de couleur et un grand cahier (quatrième dessin).

Activités d'entraînement

 ## Compréhension des écrits

Je peux comprendre un message personnel, une carte postale

Activité 1 → page 30

> **CORRIGÉ :**
> 1. Charlotte - 2. – C'est l'anniversaire de Sido (dessin du milieu à entourer). - 3. un cadeau surprise (deuxième photo à entourer) - 4. lundi

Activité 2 → page 31

> **CORRIGÉ :**
> 1. une amie de Bruno - 2. leurs exercices de maths (dessin du milieu à entourer) - 3. une calculatrice (troisième photo à entourer) - 4. à midi (première horloge à entourer)

Je peux comprendre des descriptions simples

Activité 3 → page 32

> **CORRIGÉ :**
> 1. assez beau et frais - 2. Il pleut et il fait froid. - 3. 2° C/2 degrés - 4. lundi - 5. samedi

Activité 4 → page 33

> **CORRIGÉ :**
> 1. d - 2. e - 3. c - 4. a - 5. b

Je peux comprendre une affiche, une publicité

Activité 5 → page 34

> **CORRIGÉ :**
> 1. au parc - 2. 90 € - 3. 2 € - 4. une photo

Activité 6 → page 35

> **CORRIGÉ :**
> 1. d - 2. c - 3. a - 4. b

Je peux comprendre un court article simple

Activité 7 → page 36

> **CORRIGÉ :**
> 1. un petit garçon - 2. Parce qu'un méchant homme veut faire détruire la maison de sa grand-mère. - 3. Il écoute des histoires. - 4. son grand-père

Activité 8 → page 37

> **CORRIGÉ :**
> 1. février - 2. Ils se déguisent (troisième dessin). - 3. des masques d'animaux (premier dessin) - 4. des gâteaux : des beignets/des bugnes/des gaufres/des crêpes - 5. 2 réponses parmi les villes suivantes : Nice, Dunkerque, Pézenas, Roman, Mulhouse, Paris

22 • CORRIGÉS

A1

 Production écrite

Je peux compléter une fiche, un formulaire

Activités 1, 2 et 3 → pages 38-40

Au niveau A1, le jeune candidat est capable d'écrire des phrases et des expressions simples sur lui/elle-même et des personnages imaginaires, ainsi que de dire où ils vivent et ce qu'ils font.
Il peut écrire des chiffres et des dates, son nom, sa nationalité, son âge, sa date de naissance...
Il peut écrire son adresse et d'autres informations personnelles de ce type.

> **CORRIGÉ :**
> Les réponses doivent être cohérentes par rapport aux informations demandées. Les apprenants doivent être capables de donner les informations suivantes les concernant : nom, prénom, âge, adresse, date de naissance... Cependant, l'enseignant pourra proposer à l'enfant de compléter la fiche ou le formulaire pour un membre de sa famille ou un personnage inventé. Dans ces activités, il est primordial que les apprenants placent les informations demandées aux bons emplacements.
> **Conseil** : Rappeler aux enfants que la première lettre des noms, prénoms et villes doit commencer par une majuscule.

Je peux écrire un petit message simple

Activité 4 à 7 → pages 41-43

Au niveau A1, le candidat peut écrire une carte postale simple et brève.
Le correcteur devra faire preuve de bienveillance car le jeune candidat n'a qu'un contrôle limité des structures syntaxiques et des formes grammaticales simples appartenant à un répertoire mémorisé.
Pour corriger les activités proposées dans le livre de l'élève, nous vous conseillons d'utiliser les critères d'évaluation de l'épreuve de production écrite du DELF Prim A1 :

	Ø Non répondu ou pas assez de matière évaluable	- A1 non acquis	+ A1 partiellement acquis	++ A1 acquis
Capacité à informer et à décrire Peut écrire des phrases et des expressions simples sur soi-même et ses activités, ou sur des personnes imaginaires, en rapport avec le sujet demandé.	☐ 0	☐ 3	☐ 5	☐ 7
Lexique/orthographe lexicale Peut utiliser un répertoire limité de mots et d'expressions élémentaires relatifs à sa situation personnelle, et adaptés à la thématique proposée. Peut orthographier avec une relative exactitude phonétique quelques mots du répertoire élémentaire.	☐ 0	☐ 1	☐ 2	☐ 3

Activités d'entraînement

	∅ Non répondu ou pas assez de matière évaluable	− A1 non acquis	+ A1 partiellement acquis	++ A1 acquis
Morphosyntaxe/orthographe grammaticale Peut utiliser, avec un contrôle limité, quelques structures syntaxiques et des formes grammaticales simples appartenant à un répertoire mémorisé.	☐ 0	☐ 1	☐ 2	☐ 3
Cohérence et cohésion Peut produire des énoncés très simples qui s'enchaînent par juxtaposition ou par l'emploi de connecteurs très simples comme « et », « alors ».	☐ 0	☐ 0,5	☐ 1,5	☐ 2

Total : ..../ 15 points

> **CORRIGÉ :**
> L'apprenant doit rédiger un message simple en s'aidant, s'il le souhaite, des dessins proposés. Il doit ajouter aussi quelques détails personnels comme (activité 4) :
> – avec qui il se trouve ;
> – où il se trouve ;
> – ce qu'il fait…
>
> La production devra comporter les éléments suivants :
> – termes d'adresse (*Cher/Chère/Prénom*, activité 6),
> – réalisations langagières en cohérence avec la consigne : raconter une journée, présenter une personne, inviter…
> – formule finale (*À bientôt, Je t'embrasse*…, activité 6),
> – signature.

Production orale

Je peux parler de moi

Activité 1 → page 44

Toute photographie, ou dessin, représentant une situation autre que celles présentées dans le livre, peut être utilisée pour poser une question.

Exemples :

• Photo d'identité d'une fillette et d'un garçon
Questions :
  – Tu t'appelles comment ? Quel est ton nom ?
  – Comment ça s'écrit ? Tu peux épeler ?
• Photo de classe
Question :
  – Quel est ton/ta meilleur(e) ami(e) ?
• Photo à l'intérieur de la classe
Question :
  – Quelle est ta matière préférée ?

24 • CORRIGÉS

• Drapeaux étrangers
Question :
– À la maison, quelle langue parles-tu avec tes parents ?

Déroulement de l'activité
1. Placez les apprenants en cercle.
2. Désignez un apprenant (le plus jeune, le plus âgé…) et demandez-lui de choisir une photo.
3. Demandez de décrire la photo puis de lire la question. Après la réponse, posez quelques questions complémentaires :
   – Qu'est-ce que tu aimes faire ?
   – Quelle est ton activité préférée ?
4. L'apprenant désigne ensuite un autre apprenant qui choisit à son tour une photo.
5. Si un apprenant ne peut pas ou ne sait pas répondre, relancez-le en lui faisant décrire la photo.

Vous pouvez également proposer d'autres questions :
   – Tu t'appelles comment ? Quel est ton nom ? Comment ça s'écrit ?
   – Qui est ton meilleur copain/ta meilleure amie ?
   – À la maison, quelle langue parles-tu ?

Activité 2 → page 45

Voici des exemples de questions, dans les quatre domaines répertoriés dans le *Cadre européen commun de référence pour les langues* :

- **Domaine personnel**
   – Comment tu t'appelles ? (Avec toutes les variantes : Comment t'appelles-tu ? Quel est ton nom ? Moi, je m'appelle XXX, et toi ?)
   – C'est ton nom ou ton prénom ?
   – Tu peux épeler ?
   – Quelle est ta nationalité ?
   – Tu as des frères ? Des sœurs ? Quel est leur prénom ?
   – Est-ce que ta famille est grande ? Pourquoi ? Tu peux décrire ta famille ?
   – Tu as un(e)/ami(e) ? Comment est-ce qu'il/elle s'appelle ?
   – Est-ce que tu aimes lire ? Pourquoi ? Qu'est-ce que tu lis ?
   – Est-ce que tu aimes regarder la télévision ? Qu'est-ce que tu regardes ?
   – Qu'est-ce que tu fais le dimanche ? (Ou le samedi ?)
   – Tu as un animal à la maison ? Comment est-ce qu'il s'appelle ?
   – Tu aimes le sport ? Tu fais (pratiques) un sport ? (Donner des exemples)
   – Tu aimes lire ? Tu aimes la lecture ? Qu'est-ce que tu aimes lire ?
   – Tu regardes beaucoup la télévision ? Quelles émissions ?

- **Domaine éducationnel**
   – Tu aimes ton école ? Qu'est-ce que tu aimes à l'école ?
   – Quelle est la matière (la discipline) que tu préfères ?
   – Tu vas souvent à la bibliothèque de l'école ? Pour quoi faire ?
   – Tu apprends une autre langue que le français ?
   – Est-ce que tu déjeunes à la cantine de l'école ? Qu'est-ce tu manges ?
   – Est-ce que tu as du travail à faire à la maison ?

- **Domaine public**
   – Est-ce que tu vas faire les courses avec tes parents ? Avec ta maman ?
   – Tu aimes aller dans les magasins ?
   – Est-ce que tu vas souvent au cinéma ? Quels films tu aimes ?
   – Tu aimes voyager ? Sortir de ta ville, de ton village ?
   – Qu'est-ce que tu mets dans tes bagages ?

- **Domaine professionnel**
   – Qu'est-ce que tu veux faire quand tu seras grand ? (Quel métier ?)
   – Quel métier fait ton papa ?
   – Quel métier fait ta maman ?
   – Quel métier est-ce que tu aimes ?
   – Où est-ce que, plus tard, tu veux travailler ? Dans un bureau ? À l'extérieur ?
   – Est-ce que tu sais te servir (utiliser) d'un ordinateur ? Pour quoi faire ?
   – Est-ce que professeur de français c'est un bon métier ?

Activités d'entraînement

A1

Je peux raconter, je peux échanger des informations

Activité 3 → page 45

Déroulement de l'activité

1. Demandez aux enfants de se mettre deux par deux. Demandez à chaque binôme de choisir une image. Chaque binôme devra décrire l'image, c'est-à-dire donner le maximum d'informations à son sujet :
   – Qui est la personne ?
   – Comment la personne est-elle habillée ?
   – Qu'est-ce qu'elle aime faire ?
   Donnez 3 minutes de préparation aux enfants.
2. Demandez ensuite à chaque binôme de présenter l'image à la classe sans la montrer au groupe. Pendant la production, indiquez aux autres enfants qu'ils peuvent poser des questions :
   – Il/Elle a quel âge ?
   – Il/Elle est marié(e) ?
   – Que fait-il/elle ?
   – Où est-il/elle ? etc.
   Demandez ensuite au binôme de montrer l'image à la classe. Interrogez les autres élèves pour savoir si l'image correspond à ce qu'ils avaient imaginé.

Activité 4 → page 46

Déroulement de l'activité

1. Présentez l'activité en lisant la consigne.
2. Montrez la première image et demandez aux apprenants de décrire ce qu'ils voient.
3. Invitez-les à définir le point de départ de l'histoire : comment commence l'histoire ?
   Pour définir le point départ de leur histoire, demandez-leur de répondre aux questions :
   Qui ? - Quand ? - Où ? - Quoi ?
4. Expliquez ensuite que chaque image constitue une étape de l'histoire.
   Pour chaque image, demandez aux enfants de répondre aux questions suivantes :
   Qui ? - Que se passe-t-il ? - Comment ? - Pourquoi ? - Où ? - Quand ?
5. Indiquez enfin que la dernière image illustre la fin de l'histoire.
6. Ne laissez jamais le silence s'installer. Relancez l'enfant qui parle et commentez ses réponses par des expressions très simples ou des mimiques.

Je peux demander quelque chose ou choisir quelque chose

Activité 5 → page 47

Déroulement de l'activité

Pour cette activité, vous pouvez jouer le rôle de l'interlocuteur ou bien faire jouer les scénettes par deux enfants. Indiquez votre choix au moment où vous présentez l'activité.

1. Donnez la consigne.
2. Faites choisir une activité (regarder un conte, un documentaire...) en vous assurant de sa compréhension.
3. Mettez en place des jeux de rôles où les apprenants devront démontrer ce qu'ils feraient dans une pareille situation.
4. Donnez un temps de préparation.
5. Faites jouer les scénettes devant la classe.

26 • CORRIGÉS

Ça se passe en France...

En famille

En famille

Comment tu t'appelles ? → page 50

Durée à consacrer au texte : 15 à 20 minutes
Durée de l'exercice : 15 à 20 minutes

Objectif(s)
- *Socioculturel* : les prénoms à la mode en France
- *Linguistiques* : savoir décrire, qualifier ; savoir utiliser quelques articulations logiques et de coordination
- *Communicatif* : savoir donner des informations
- *Lexicaux* : les prénoms, la définition des caractères

Déroulement de l'activité de découverte du texte
1. Faites examiner l'image. Qu'est-ce que c'est ? Essayez d'obtenir : « C'est la première page d'un magazine » ou : « C'est la couverture d'un livre ».
2. Qu'est-ce qu'on y voit ? « Un bébé ». Est-ce que c'est une fille ou un garçon ? « On ne sait pas ».
3. Est-ce qu'un tel livre existe ici ? Qu'est-ce que les parents utilisent pour choisir les prénoms des enfants ?
4. Voici les 5 prénoms de garçons les plus à la mode en France. Et ici, quels sont les prénoms à la mode pour les garçons ?
5. Même question pour les prénoms de filles.
6. Examen des caractères de chacun avec travail sur le vocabulaire. Qui comprend le mot « poli » ? Comment peux-tu l'expliquer ? Tu peux donner un mot qui veut dire la même chose ? Suivre la même démarche pour la suite des caractères.
7. S'il y a dans la classe des enfants qui portent les prénoms français à la mode, posez la question « Est-ce que toi aussi tu es XXX et XXX ? ». Demandez à la classe ce que les autres élèves pensent et faites définir quelques traits de caractère.

 Déroulement de l'exercice
1. Installez les enfants en tandems.
2. Donnez la consigne suivante : Regardez bien l'exemple : « Qui est gentil et poli ? » Recherchez, chez les garçons et chez les filles, qui a ces qualités. Vous avez trouvé ? C'est un garçon ? Cochez la case « Garçon ». Comment s'appelle-t-il ? Recopiez son prénom.
3. Faites présenter le travail réalisé par chaque tandem. L'un va lire la question : « Qui est gentil et poli ? » et l'autre va dire : « Un garçon, il s'appelle Lucas. »
4. Demandez au groupe classe si tout le monde est d'accord.

CORRIGÉ :	Fille	Garçon	Prénom(s)
Qui est gentil et poli ?		X	Lucas
Qui a beaucoup de volonté ?	X		Manon
Qui est sympathique ?		X	Raphaël
Qui est toujours drôle ?		X	Mathis
Qui a de bonnes relations avec les autres ?	X		Clara
Qui a beaucoup d'amis ?		X	Enzo
Qui est généreuse et rêveuse ?	X		Léa
Qui a du courage ?	X	X	Nathan, Emma
Qui aime réfléchir ?	X		Chloé

TRANSCRIPTIONS ET CORRIGÉS • 27

Ça se passe en France...

Selon ce que les enfants savent dire au moment où vous proposez cette activité, prolongez-la en demandant à chacun de se présenter et de qualifier son caractère : « Je m'appelle XXXX, je suis XXXX. » L'élève passe alors la parole à son voisin : « Et toi ? ».

Tu as quel âge ? → page 51

CORRIGÉ :

 11	 1	 9	 5	 4
onze bougies	une bougie	neuf bougies	cinq bougies	quatre bougies

Comptine pour compter jusqu'à 12 → page 52

 La transcription de la comptine se trouve dans le livre.

Tu vas bien ? → page 54

TRANSCRIPTIONS

Écoute bien et note le numéro du dialogue sous chaque dessin.

Dialogue 1
- Ah ah ah ! Hi hi hi !
- Tu ris ? Pourquoi ?
- Je suis très content !

Dialogue 2
- Tu pleures ? Pourquoi tu pleures ?

Dialogue 3
- Ça va ?
- Non, pas très bien, je suis un peu triste.

Dialogue 4
- Tu vas bien ?
- Non ! Pas du tout ! Je suis très en colère !

Dialogue 5
- Tu vas bien ?
- Je ne sais pas...

CORRIGÉ :

 5	 2	 4	3	 1

TRANSCRIPTIONS

Écoute bien et dessine les émoticones.

1. Il pleure.
2. Il est très content !
3. Il est un peu triste.
4. Il est très en colère !
5. Il ne sait pas.

En famille

Tu habites où ? → page 56

TRANSCRIPTIONS

Écoute bien et coche la case qui correspond à l'endroit où chaque enfant habite : une maison ou un appartement.

1. Maman ! je vais jouer dans le jardin !
2. Viens chez moi, il y a une piscine !
3. On habite au troisième étage.
4. Regarde ! Par la fenêtre, on voit tout Paris !
5. Ça me fait peur d'habiter si haut !
6. Mon père plante lui-même ses salades et mes fraises !

CORRIGÉ :

	maison	appartement
1	X	
2	X	
3		X
4		X
5		X
6	X	

Bonus — La recette des sablés de Noël

À expliquer aux enfants, à faire à la maison et à déguster en classe

Temps de préparation :
- 20 minutes
- 30 minutes de repos

Temps de cuisson :
- 10 minutes

Il faut :

175 g de beurre ramolli
200 g de sucre semoule
2 gros œufs
400 g de farine
½ sachet de levure
1 cuillère à café de sel
1 sachet de sucre vanillé
1 cuillère à café de cannelle (facultatif)
décoration : pépites ou billes de chocolat, billes argentées

Tu dois :

1. mélanger énergiquement le beurre mou et le sucre ;
2. mélanger les œufs et le sucre vanillé et les ajouter au mélange beurre + sucre ;
3. mélanger la farine, la cannelle et la levure et verser dans le mélange beurre + sucre ;
4. faire deux carrés de pâte et les envelopper dans du film plastique ; les mettre au réfrigérateur pendant 30 minutes (30 minutes de repos) ;
5. préchauffer le four à 180° C ;
6. verser de la farine sur la table et bien l'étaler ;
7. préparer des rectangles de papier sulfurisé de la taille du four ;
8. couper des formes dans la pâte (sapin, cœur, cloche, bonhomme de neige, étoiles, lune, etc.) et les placer sur la feuille de papier sulfurisé ;
9. enfourner 8 à 10 minutes. Les sablés doivent sortir du four encore un peu mous ;
10. décorer avec les pépites de chocolat et les billes argentées.

Une astuce : si tu fais des trous en haut des gâteaux avant de les cuire, tu peux, ensuite, passer un ruban dans les trous et les accrocher au sapin !

Ça se passe en France...

À l'école

Qui a inventé l'école ? → page 58

   La transcription de la chanson *Sacré Charlemagne* se trouve dans le livre.

L'école pour les grands → page 58

> CORRIGÉ :
> 1. d - 2. e - 3. b - 4. c - 5. a

Dans ton cartable → page 61

> TRANSCRIPTIONS
>
> C'est la rentrée des classes ! La maîtresse te donne la liste des fournitures à acheter. Entoure les dessins. Attention : il y en a cinq !
>
> Pour la semaine prochaine, vous devez apporter :
> - une trousse,
> - des stylos,
> - des ciseaux,
> - des cahiers,
> - des crayons de couleur.

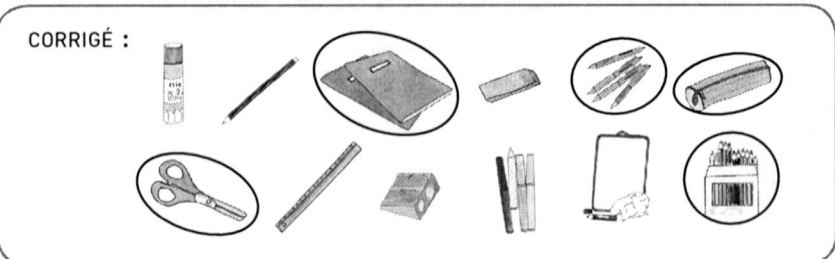

CORRIGÉ :

Les petits problèmes à l'école → page 62

> TRANSCRIPTIONS
>
> Écoute les messages et note le numéro du message sous le dessin correspondant.
>
> Message 1
> J'ai faim ! Il est midi !
>
> Message 2
> Aïe ! Aïe ! Aïe ! J'ai mal ! Je suis tombé !
>
> Message 3
> Zut de zut ! Nous sommes en retard !
>
> Message 4
> Dépêche-toi !

> CORRIGÉ :
> Rangée du haut : dessin de gauche → message 4 ; dessin de droite → message 3
> Rangée du bas : dessin de gauche → message 1 ; dessin de droite → message 2

30 • TRANSCRIPTIONS ET CORRIGÉS

À l'extérieur

Les sorties

La ferme → page 63

CORRIGÉ :
1. b - 2. e - 3. a - 4. f - 5. d - 6. c

 La transcription de la chanson se trouve dans le livre*.

Le restaurant → page 65

CORRIGÉ :
1. b - 2. c - 3. a

Les jeux : au jardin public ou au parc → page 65

CORRIGÉ :
1. cache-cache - 2. les quilles - 3. sauter à l'élastique - 4. colin-maillard

Vocabulaire : les couleurs de la vie → page 67

CORRIGÉ :
1. noir et blanc. - 2. marron et vert. - 3. bleue. - 4. verte. - 5. orange. - 6. jaune. - 7. rose.

Vocabulaire : les couleurs des fruits et des légumes → page 67

CORRIGÉ :
1. rouge. - 2. vert et blanc. - 3. verts. - 4. verte.

La météo → page 68

> **TRANSCRIPTIONS**
>
> Écoute bien et note le numéro de la phrase entendue (comme dans l'exemple).
>
> 1. Je n'aime pas le vent !
> 2. Oh ! Il pleut ! Impossible d'aller à la plage.
> 3. Maman, lève-toi ! Regarde, il neige !
> 4. Il y a beaucoup de nuages, je prends mon parapluie ?
> 5. Quel beau soleil !

CORRIGÉ :

1	Je n'aime pas le vent !	4	Il y a beaucoup de nuages, je prends mon parapluie ?
5	Quel beau soleil !		
2	Oh ! Il pleut ! Impossible d'aller à la plage.	3	Maman, lève-toi ! Regarde, il neige !

* Dans le livre, lire à la 2ᵉ ligne : « Qui picotait du pain dur » et non « Qui picote du pain dur ».

Ça se passe en France...

TRANSCRIPTIONS

Observe les dessins. Écoute bien les phrases puis recopie les phrases sous les dessins correspondants.

Il fait beau, il y a du soleil.　　Il pleut.
Il fait froid.　　Il y a du vent.
Il neige.　　Il y a des nuages.
Il fait chaud.

CORRIGÉ :

Il pleut.　　Il neige.

Il fait beau, il y a du soleil.　　Il y a du vent.

Il y a des nuages.　　Il fait chaud.　　Il fait froid.

 Voici les paroles des chansons proposées page 68 du livre. Vous pouvez retrouver ces chansons sur le CD audio.

TRANSCRIPTIONS

Écoute les chansons.

Bateau sur l'eau

Bateau sur l'eau
La rivière, la rivière
Bateau sur l'eau

La rivière au bord de l'eau
Le bateau a chaviré
Tout le monde il est noyé !
Plouf !

La pluie

Refrain :
Jamais monotone,
La pluie qui chantonne,
À tout petit bruit ti ti ti ti ti.
Jamais monotone,
La pluie qui chantonne,
Sur mon parapluie ti ti ti ti ti.

Une goutte fraîche coule dans mon cou,
Glisse sur mon nez, me mouille partout,
Et la pluie qui gicle trempe mes cheveux,
Moi je prends mon temps dans les flaques bleues.

Au fond de mes bottes j'entends clapoter,
Mes pauvres chaussettes qui sont détrempées,
Je sais que ma mère fera les gros yeux,
Moi je prends mon temps dans les flaques bleues.

Michèle Éliat

Bonus — Le loto des fruits, pour jouer en classe ou à la maison

- Photocopiez le loto des fruits et collez les fiches sur du carton. Distribuez les fiches et demandez aux enfants de colorier les fruits.
- Écrivez sur des petits morceaux de papier des noms de fruits :
  la banane - la pomme - la poire - le raisin - l'orange - l'ananas - la fraise - la cerise - la pastèque - la tomate (oui, oui, c'est un fruit !) - l'avocat (c'est aussi un fruit !) - la cacahuète
- Désignez un enfant qui va lire les petits papiers qui se trouvent dans un sac.
- Le joueur (ou la joueuse) met un haricot sur le dessin du fruit s'il est sur sa fiche. Il ou elle crie alors : « Je l'ai ! ».
- Si un joueur (ou une joueuse) a coché tous ses dessins avec des haricots, il ou elle crie « J'ai fini ! » et gagne la partie.

À l'extérieur

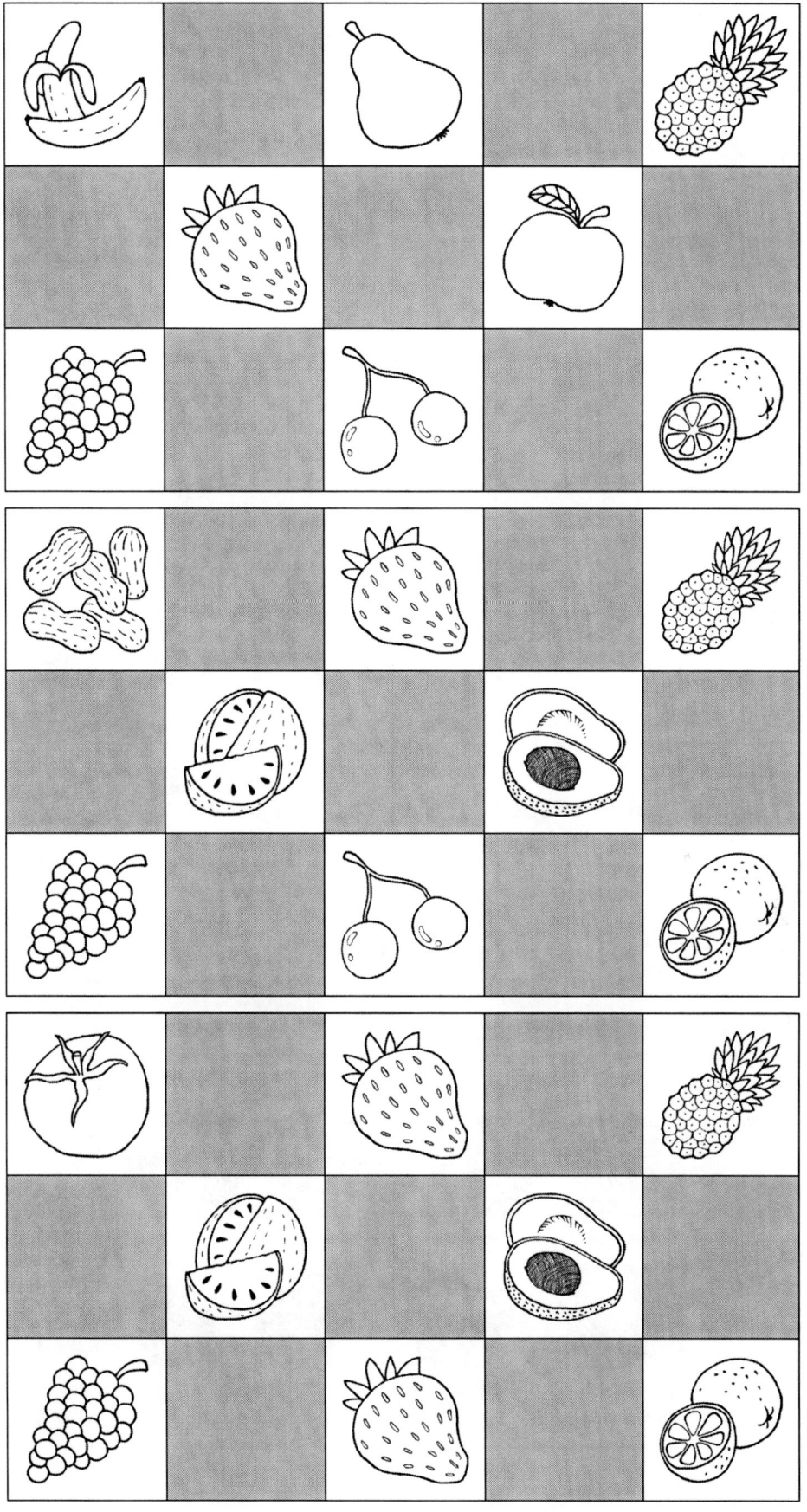

TRANSCRIPTIONS ET CORRIGÉS • 33

Ça se passe en France...

Au travail

Les commerçants de mon quartier → page 69

> CORRIGÉ :
> 1. d - 2. a - 3. e - 4. b - 5. c

> TRANSCRIPTIONS
>
> Écoute bien et écris à côté de l'image le nom du métier qui correspond.
>
> C'est le marchand de légumes qui vend des fruits et des légumes.
> Chez le boulanger, tu peux acheter du bon pain et des croissants.
> Chez le coiffeur, tu peux te faire couper les cheveux.
> C'est le boucher qui vend des steaks et du saucisson.
> Chez la fleuriste, tu peux acheter des fleurs pour ta maman.

CORRIGÉ :

marchand de légumes — fleuriste — coiffeur — boulanger — boucher

Les personnes qui s'occupent des autres → pages 70-71

> CORRIGÉ :
> Le **pédiatre** soigne les enfants. - **Le policier** aide les personnes et attrape les voleurs. - **Le pompier** éteint les feux. - **Le professeur** enseigne aux élèves.

CORRIGÉ :

garagiste — chanteuse — secrétaire — pilote

professeur/enseignante — cameraman/journaliste/photographe — vétérinaire — policier

Au travail

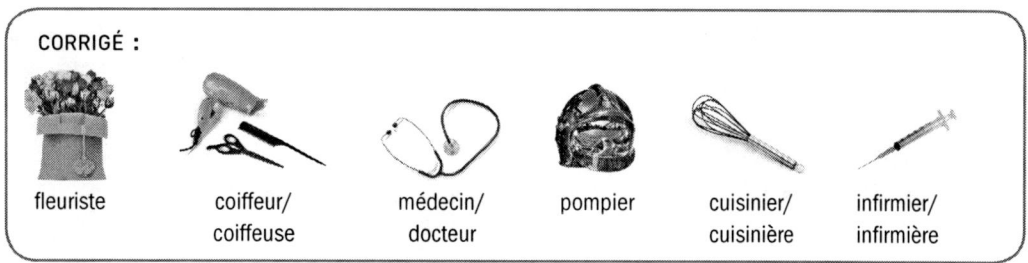

CORRIGÉ :

fleuriste | coiffeur/coiffeuse | médecin/docteur | pompier | cuisinier/cuisinière | infirmier/infirmière

Le jeu des métiers → page 72

Déroulement de l'activité

1. Placez les apprenants en cercle. Déposez au milieu les photos de la page 72.
2. Désignez un apprenant (le plus jeune, le plus âgé...) et demandez-lui de choisir une photo.
3. Posez-lui une question sur la photo :
   – Quel est le métier de l'homme/de la femme ?
   – Est-ce que tu aimes ce métier ? Est-ce que tu voudrais faire ce métier ? Pourquoi ?
   L'apprenant répond en fonction de la photo.
4. L'apprenant désigne ensuite un autre apprenant qui choisit une image. Le premier apprenant lui pose une question en fonction de la photo.
5. Si un apprenant ne peut pas ou ne sait pas répondre, relancez-le en lui faisant décrire la photo.

Épreuve blanche

 ## Compréhension de l'oral

Exercice 1 → pages 74-75   **8 points**

TRANSCRIPTIONS

Regarde les dessins.
Écoute les petits dialogues et coche la case sous le dessin, comme dans l'exemple.

Exemple :
Tu entends :
Dialogue 1
− Juan, tu as vu mon vélo ?
− Oui, il est dans le jardin.
− Ah oui, il est dans le jardin, contre le mur !
Où est le vélo ?

Écoute encore.
Dialogue 1
− Juan, tu as vu mon vélo ?
− Oui, il est dans le jardin.
− Ah oui, il est dans le jardin, contre le mur !
Où est le vélo ?
Tu coches la case sous le dessin correspondant.

Attention, nous commençons ! Écoute bien.
Dialogue 2
− Qu'est-ce que tu fais Marie ?
− Je suis en train de regarder un dessin animé.
− Un dessin animé ? J'arrive !
Que fait Marie ?
Écoute encore.
Dialogue 2
− Qu'est-ce que tu fais Marie ?
− Je suis en train de regarder un dessin animé.
− Un dessin animé ? J'arrive !
Que fait Marie ?

Dialogue 3
− Pour demain, apportez des chaussures de sport et un ballon.
− Des chaussures de sport et un ballon ?
− Oui, c'est pour le cours de gymnastique !
Que doivent apporter les enfants ?
Écoute encore.
Dialogue 3
− Pour demain, apportez des chaussures de sport et un ballon.
− Des chaussures de sport et un ballon ?
− Oui, c'est pour le cours de gymnastique !
Que doivent apporter les enfants ?

Dialogue 4
− On va au zoo demain ?
− Oui, à 14 h.
− À 14 h ? D'accord !
Ils vont au zoo à quelle heure ?
Écoute encore.
Dialogue 4
− On va au zoo demain ?
− Oui, à 14 h.
− À 14 h ? D'accord !
Ils vont au zoo à quelle heure ?

Dialogue 5
− Avec qui tu fais du vélo, Hassen ?
− Avec ma copine Narjès !
− Avec Narjès ?
− Oui, elle adore ça !
Avec qui Hassen fait du vélo ?
Écoute encore.
Dialogue 5
− Avec qui tu fais du vélo, Hassen ?
− Avec ma copine Narjès !
− Avec Narjès ?
− Oui, elle adore ça !
Avec qui Hassen fait du vélo ?

> **CORRIGÉ :**
> **Dialogue 1** : troisième dessin - **Dialogue 2** : premier dessin - **Dialogue 3** : premier dessin - **Dialogue 4** : deuxième dessin - **Dialogue 5** : troisième dessin

A1.1

Exercice 2 → page 75

8 points

TRANSCRIPTIONS

Regarde les dessins. Écoute les messages et note le numéro du message sous le dessin correspondant. Attention, nous commençons ! Écoute bien.

Message 1
Mouillez vos mains avec de l'eau chaude.
Écoute encore.
Message 1
Mouillez vos mains avec de l'eau chaude.
Message 2
Savonnez vos mains pendant une minute.
Écoute encore.
Message 2
Savonnez vos mains pendant une minute.

Message 3
Rincez vos mains avec de l'eau froide.
Écoute encore.
Message 3
Rincez vos mains avec de l'eau froide.
Message 4
Séchez vos mains avec une serviette propre.
Écoute encore.
Message 4
Séchez vos mains avec une serviette propre.

CORRIGÉ :
Premier dessin : message 3 - Deuxième dessin : message 1 - Troisième dessin : message 4 - Quatrième dessin : message 2

Exercice 3 → page 76

9 points

TRANSCRIPTIONS

Regarde les dessins. Écoute les petits dialogues et coche la case sous le dessin correspondant. Attention, nous commençons ! Écoute bien.

Dialogue 1
- Tu as vu, j'ai un nouveau cartable ! Et toi ?
- Oui, il est noir et blanc, avec des fleurs rouges.
Écoute encore.
Dialogue 1
- Tu as vu, j'ai un nouveau cartable ! Et toi ?
- Oui, il est noir et blanc, avec des fleurs rouges.
Dialogue 2
- Moi, j'ai un chien noir ! Et toi, tu as un animal ?
- Oui, il est petit, rouge, et il vit dans l'eau ! Alors, c'est quoi ?
Écoute encore.
Dialogue 2
- Moi, j'ai un chien noir ! Et toi, tu as un animal ?
- Oui, il est petit, rouge, et il vit dans l'eau ! Alors, c'est quoi ?
Dialogue 3
- Tu connais mon frère ?
- Non, il est comment ?
- Il a les cheveux courts, blonds et il a des lunettes rouges !
Écoute encore.
Dialogue 3
- Tu connais mon frère ?
- Non, il est comment ?
- Il a les cheveux courts, blonds et il a des lunettes rouges !

CORRIGÉ :
Dialogue 1 : troisième dessin - Dialogue 2 : un poisson rouge (troisième photo) - Dialogue 3 : deuxième dessin

Épreuve blanche

Compréhension des écrits

Exercice 1 → page 77   **4 points**

> TRANSCRIPTION
> Lis bien le petit mot puis entoure les 4 produits que Sophie doit acheter.

CORRIGÉ :

Exercice 2 → page 78   **6 points**

> TRANSCRIPTION
> Lis ce document et réponds aux questions.

CORRIGÉ :
1. de la mairie - 2. à 10 h 30 -
3. une glace (troisième dessin)

Exercice 3 → page 79   **15 points**

> TRANSCRIPTION
> Relie les instructions aux images qui correspondent.

CORRIGÉ :
1. e - 2. d - 3. f - 4. b - 5. a - 6. c

Production écrite

Exercice 1 → page 80   **7 points**

> TRANSCRIPTION
> C'est bientôt ton anniversaire ! Regarde les illustrations et complète l'invitation pour tes amis.

CORRIGÉ :
Je t'invite à mon anniversaire le **6 janvier** à
14 heures.
On va bien s'amuser. Voici le programme :
choisir 2 activités parmi les suivantes : vélo/
bicyclette - cartes/jouer aux cartes - manger des
bonbons/goûter - ballon/foot/jouer au ballon.
Voici mon adresse : **11, rue des Roses**.
À bientôt !

Prénom du candidat

38 • TRANSCRIPTIONS ET CORRIGÉS

A1.1

Exercice 2 → page 81   8 points

> **TRANSCRIPTION**
>
> Aide Paola à écrire une lettre en français à son amie Isabelle. Remplace les dessins par les mots, comme dans l'exemple.

> **CORRIGÉ :**
>
> J'ai **9** ans. J'ai un **chat** et deux **chiens**. C'est ma **mère/maman/sœur/tante/gardienne**... qui vient me chercher à l'école. Quand j'arrive à la maison, je prends mon goûter. J'aime beaucoup **les gâteaux au chocolat/le chocolat/les gâteaux et le jus d'orange**.
> Après je **fais mes devoirs/je travaille**. J'aime faire du vélo avec des **copains/copines/amis/amies/enfants**.
> J'espère recevoir une **lettre/carte** de toi bientôt !
>
> Paola

Exercice 3 → page 82   10 points

> **TRANSCRIPTION**
>
> Ta maman va faire les courses. Elle te demande de lui donner ta liste. Tu lui demandes d'acheter 5 produits. Tu peux t'aider des images !

Utilisez la grille d'évaluation de l'épreuve du DELF Prim A1.1 pour évaluer la production de l'apprenant.

	Ø Non répondu ou pas assez de matière évaluable	− A1.1 non acquis	+ A1.1 partiellement acquis	++ A1.1 acquis
Capacité à donner des informations simples La production est en adéquation avec le type de message demandé.	☐ 0	☐ 1	☐ 2	☐ 3
La production permet au destinataire du message de réaliser la tâche demandée.	☐ 0	☐ 1	☐ 2	☐ 3
Lexique/orthographe lexicale Peut utiliser des mots isolés, disparates ainsi qu'un nombre limité d'expressions très simples sur des besoins de type courant. La graphie peut être phonétique.	☐ 0	☐ 1	☐ 2	☐ 3
Morphosyntaxe/orthographe grammaticale Peut utiliser, de façon non systématique et non maîtrisée, certaines structures morphosyntaxiques très simples.	☐ 0		☐ 1	

Total : ..../ **10 points**

Épreuve blanche

Production orale

Cette épreuve est composée de 2 parties et dure 15 minutes maximum au total.

- Page 83 : **Activité 1** - Entretien dirigé : parler de soi → 5 minutes environ
- Page 84 : **Activité 2** - Échange d'informations : exprimer ses goûts → 5 minutes environ
- Page 84 : **Activité 3** - Échange d'informations : faire une description simple → 5 minutes environ

Descripteurs de la production/interaction orale*

Avant de débuter l'évaluation des candidats, relisez les descripteurs concernant la compétence de production/interaction orale (ci-dessous). Ils vous indiquent ce que le candidat doit être capable de faire au niveau A1.1

Niveau A1.1
Échelle globale : Le candidat peut participer à une interaction ordinaire, au moins partiellement, au moyen d'énoncés simples (centrés sur un ou deux mots), en ayant aussi recours à sa langue première ou à d'autres langues acquises, si l'interlocuteur parle lentement et distinctement et se montre coopératif et bienveillant.
Interaction orale : Le candidat peut interagir dans le cadre de quelques échanges suivis ; la réussite de la communication dépend de répétitions (avec un débit « pédagogique » plus lent), de la reformulation à charge de locuteurs « natifs » compréhensifs et habitués à la communication avec un locuteur non natif. Le candidat peut : – utiliser des expressions élémentaires de salutation et de congé ; – répondre à des questions simples et en poser certaines ; – comprendre, accepter, refuser et exécuter des instructions standards et attendues ; – demander à quelqu'un de ses nouvelles et réagir, ou vice-versa, de manière conventionnelle ; – demander des objets/des services simples à autrui et lui en donner/rendre, en se débrouillant, en particulier avec les nombres et l'heure, si ces échanges, formulés de manière accessible, concernent des réalités familières, des besoins immédiats, des objets concrets, des informations connues comme : le nom, l'âge, l'origine, la langue « maternelle », le lieu d'habitation, la famille, les personnes fréquentées, la profession, la date d'arrivée en France ou la durée du séjour, des marchandises visibles...

Remarques :

La passation de cette épreuve est individuelle. Il s'agit d'une épreuve de production orale guidée. Dans les encadrés se trouvent les consignes que vous donnerez oralement à l'enfant au début de chaque exercice. Pour chaque candidat, veuillez utiliser une grille d'évaluation de la production orale.

Conseils :
- N'hésitez pas à vous assurer que l'enfant a bien compris et à l'encourager à répondre (paraphrase, gestes, si besoin).
- Indiquez à l'enfant qu'il peut faire répéter un mot ou faire clarifier la question.
- Laissez à l'enfant le temps de s'exprimer et de réfléchir.
- Ne laissez jamais le silence s'installer durablement et relancez l'interaction.

Exemples de relances :
– Et ici, qu'est-ce que tu vois ?
– Comment ça s'appelle ?
– Pourquoi ? Etc.

---

* *Référentiel et certification (DILF) pour les premiers acquis en français - Niveau A1.1 pour le français.* Didier, Paris, 2006.

A1.1

Grille d'évaluation de la production orale A1.1

	Ø Non répondu ou pas assez de matière évaluable	− A1.1 non acquis	+ A1.1 partiellement acquis	++ A1.1 acquis
Activité 1 : Parler de soi 5 min max.				
Capacité à se présenter Peut s'identifier et répondre à des questions concernant par exemple son identité, sa famille, sa maison, ses activités au moyen d'énoncés simples (centrés sur un ou deux mots) si l'interlocuteur parle lentement et distinctement et se montre coopératif et bienveillant.	0	2	4	5
Activité 2 : Exprimer ses goûts 5 min max.				
Capacité à communiquer ses préférences Peut dire ce qu'il aime ou ce qu'il n'aime pas et expliquer très brièvement et de façon simple pourquoi.	0	2	4	5
Activité 3 : Faire une description simple 5 min max.				
Capacité à donner des éléments descriptifs Peut décrire de façon très simple des personnes et des situations de la vie quotidienne.	0	2	4	5
Pour l'ensemble des 3 activités de l'épreuve				
Lexique Possède des mots isolés, disparates ainsi qu'un nombre limité d'expressions relatives à des situations concrètes ordinaires et récurrentes.	0	1	2	3
Morphosyntaxe Tente de produire certains énoncés très simples, du type sujet + verbe, déterminant + nom. Des erreurs de genre et de nombre peuvent se produire de façon récurrente (*la train, les enfants fait*).	0	1	2	3
Prononciation Prononce un nombre très limité de mots mémorisés ou d'expressions, de manière compréhensible, avec quelque effort, pour un locuteur natif particulièrement bienveillant.	0	0,5	1,5	2
Aisance, fluidité Peut produire des énoncé très courts, isolés, généralement mémorisés avec de nombreuses pauses ; a parfois recours à des mimiques et/ou à la langue maternelle et/ou à l'aide de l'examinateur.	0	0,5	1,5	2

Total : ..../ 25 points

Épreuve blanche

Compréhension de l'oral

Exercice 1 → page 86 — 8 points

> **TRANSCRIPTIONS**
>
> Regarde les dessins.
> Écoute les messages et note le numéro du message comme dans l'exemple.
>
> **Exemple :**
> *Tu entends :*
> **Message 1**
> Bonjour, je m'appelle Anita, j'adore lire, surtout les bandes dessinées ! Je n'aime pas regarder la télévision. Je préfère lire des histoires.
>
> *Écoute encore.*
> **Message 1**
> Bonjour, je m'appelle Anita, j'adore lire, surtout les bandes dessinées ! Je n'aime pas regarder la télévision. Je préfère lire des histoires.
> *Tu écris 1 sous le dessin.*
>
> ---
>
> Attention, nous commençons ! Écoute bien.
> **Message 2**
> Salut ! Je suis Marie, j'ai 10 ans. J'adore les animaux, surtout les chats. Quand je serai grande, je veux être vétérinaire.
> *Écoute encore.*
> **Message 2**
> Salut ! Je suis Marie, j'ai 10 ans. J'adore les animaux, surtout les chats. Quand je serai grande, je veux être vétérinaire.
>
> **Message 3**
> Bonjour, je m'appelle Milan, je suis très gourmand, j'aime beaucoup les bonbons et le chocolat. Mais je ne suis pas très sportif, je déteste le tennis.
> *Écoute encore.*
> **Message 3**
> Bonjour, je m'appelle Milan, je suis très gourmand, j'aime beaucoup les bonbons et le chocolat. Mais je ne suis pas très sportif, je déteste le tennis.
>
> **Message 4**
> Salut, moi, c'est Louna, je suis très sportive. J'adore le football et la natation. Je n'aime pas beaucoup la télévision.
> *Écoute encore.*
> **Message 4**
> Salut, moi, c'est Louna, je suis très sportive. J'adore le football et la natation. Je n'aime pas beaucoup la télévision.
>
> **Message 5**
> Coucou ! Je m'appelle Nathan, j'ai 11 ans. J'ai un cheval qui s'appelle Sammy et qui est très gentil ! J'aime me promener avec mon cheval. Mais je déteste faire du vélo !
> *Écoute encore.*
> **Message 5**
> Coucou ! Je m'appelle Nathan, j'ai 11 ans. J'ai un cheval qui s'appelle Sammy et qui est très gentil ! J'aime me promener avec mon cheval. Mais je déteste faire du vélo !

> **CORRIGÉ :**
> Rangée du haut : premier dessin → 2 - deuxième dessin → 4 - troisième dessin → 3
> Rangée du bas : premier dessin → 5 - deuxième dessin → 1 (exemple)

A1

Exercice 2 → page 86

8 points

TRANSCRIPTIONS

Regarde les dessins.
Écoute les petits dialogues et note le numéro du dialogue à côté du dessin correspondant.

Dialogue 1
- Je n'ai pas mon cahier de mathématiques ni mon livre !
- Eh bien, demande à ton voisin de te prêter son livre et écris sur une feuille.

Écoute encore.

Dialogue 1
- Je n'ai pas mon cahier de mathématiques ni mon livre !
- Eh bien, demande à ton voisin de te prêter son livre et écris sur une feuille.

Dialogue 2
- Olivier, où est Christine ?
- Elle est dans le jardin, elle joue avec le chien.

Écoute encore.

Dialogue 2
- Olivier, où est Christine ?
- Elle est dans le jardin, elle joue avec le chien.

Dialogue 3
- Tu joues avec moi au football ?
- Oui, super ! Je mets mes chaussures et j'arrive.
- Dépêche-toi ! Je t'attends sur le terrain.

Écoute encore.

Dialogue 3
- Tu joues avec moi au football ?
- Oui, super ! Je mets mes chaussures et j'arrive.
- Dépêche-toi ! Je t'attends sur le terrain.

Dialogue 4
- Tu connais le menu de la cantine, aujourd'hui ?
- Oui, il y a de la viande, des pâtes et de la salade de tomates.
- Super ! J'adore les pâtes !

Écoute encore.

Dialogue 4
- Tu connais le menu de la cantine, aujourd'hui ?
- Oui, il y a de la viande, des pâtes et de la salade de tomates.
- Super ! J'adore les pâtes !

CORRIGÉ :
Rangée du haut : dessin de gauche → 4 - dessin de droite → 3
Rangée du bas : dessin de gauche → 2 - dessin de droite → 1

Exercice 3 → page 87

9 points

TRANSCRIPTIONS

Lis les 3 questions. Regarde les dessins. Écoute le message et réponds aux questions. Coche la bonne réponse. Nous commençons. Écoute bien !

Allô Massimo, c'est Virginie. Je t'appelle pour t'inviter à mon anniversaire mercredi après-midi. Je vais avoir 11 ans. J'invite tous les copains de la classe. Tu peux dormir chez moi le soir. Mes parents appelleront tes parents pour leur proposer. On va jouer dans la piscine et on goûtera dans le jardin. N'oublie pas de prendre ton maillot de bain ! Téléphone-moi ce soir ! Salut !

Écoute encore.

Allô Massimo, c'est Virginie. Je t'appelle pour t'inviter à mon anniversaire mercredi après-midi. Je vais avoir 11 ans. J'invite tous les copains de la classe. Tu peux dormir chez moi le soir. Mes parents appelleront tes parents pour leur proposer. On va jouer dans la piscine et on goûtera dans le jardin. N'oublie pas de prendre ton maillot de bain ! Téléphone-moi ce soir ! Salut !

CORRIGÉ :
1. un anniversaire (dessin de droite, en haut) - 2. jouer dans la piscine -
3. son maillot de bain (deuxième photo)

TRANSCRIPTIONS ET CORRIGÉS • 43

Épreuve blanche

Compréhension des écrits

Exercice 1 → page 88 — 4 points

> **TRANSCRIPTION**
> Lis ce petit message puis réponds aux questions.

CORRIGÉ :
1. Marie, la petite sœur de Clara - 2. Ils organisent une fête. - 3. son pyjama (deuxième dessin) - 4. un vélo (troisième dessin)

Exercice 2 → page 89 — 5 points

> **TRANSCRIPTION**
> Tu fabriques une carte pour l'anniversaire de ta maman. Note le numéro de l'instruction sous l'image qui correspond. Attention, il y a 5 instructions et 6 images !

CORRIGÉ :
Rangée du haut : premier dessin → instruction 2 - deuxième dessin → instruction 5 - troisième dessin → instruction 1
Rangée du bas : premier dessin → instruction 4 - deuxième dessin → instruction 3

Exercice 3 → page 90 — 8 points

> **TRANSCRIPTION**
> Tu es en France et tu vois cette affiche dans la rue. Lis ce document et réponds aux questions.

CORRIGÉ :
1. mercredi 1er septembre - 2. dans le parc - 3. 15 € - 4. faire une promenade à poney (deuxième dessin)

Exercice 4 → page 91 — 8 points

> **TRANSCRIPTION**
> Lis le texte et réponds aux questions.

CORRIGÉ :
1. dimanche - 2. 5 000 personnes - 3. devant les Arènes - 4. pique-niquer (dessin de gauche, en bas)

Production écrite

Exercice 1 → page 92 — 10 points

> **TRANSCRIPTION**
> Tu t'inscris à la bibliothèque du centre culturel français. Remplis cette fiche de renseignements.

Les réponses doivent être cohérentes par rapport aux informations demandées. Les apprenants doivent être capables de donner les informations suivantes les concernant : nom, prénom, âge, adresse, date de naissance... Cependant, l'enseignant pourra proposer à l'enfant de compléter la fiche pour un membre de sa famille ou un personnage inventé.

A1

Exercice 2 → page 92

15 points

> **TRANSCRIPTION**
> Tu écris une petite lettre en français à un(e) ami(e) pour lui raconter ton voyage en France. Présente tes amis français. Explique-lui ce que tu fais (5 lignes minimum). Tu peux t'aider des dessins !

Le correcteur devra faire preuve de bienveillance car le jeune candidat n'a qu'un contrôle limité des structures syntaxiques et des formes grammaticales simples appartenant à un répertoire mémorisé.

Pour corriger les activités proposées dans le livre de l'élève, nous vous conseillons d'utiliser les critères d'évaluation de l'épreuve de production écrite du DELF Prim A1 :

	Ø Non répondu ou pas assez de matière évaluable	− A1 non acquis	+ A1 partiellement acquis	++ A1 acquis
Capacité à informer et à décrire Peut écrire des phrases et des expressions simples sur soi-même et ses activités, ou sur des personnes imaginaires, en rapport avec le sujet demandé.	0	3	5	7
Lexique/orthographe lexicale Peut utiliser un répertoire limité de mots et d'expressions élémentaires relatifs à sa situation personnelle, et adaptés à la thématique proposée. Peut orthographier avec une relative exactitude phonétique quelques mots du répertoire élémentaire.	0	1	2	3
Morphosyntaxe/orthographe grammaticale Peut utiliser, avec un contrôle limité, quelques structures syntaxiques et des formes grammaticales simples appartenant à un répertoire mémorisé.	0	1	2	3
Cohérence et cohésion Peut produire des énoncés très simples qui s'enchaînent par juxtaposition ou par l'emploi de connecteurs très simples comme « et », « alors ».	0	0,5	1,5	2

Total : ..../ 15 points

> **CORRIGÉ :**
> L'apprenant doit rédiger un message simple en s'aidant, s'il le souhaite, des dessins proposés. Il doit ajouter aussi quelques détails personnels :
> avec qui il se trouve ; où il se trouve ; ce qu'il fait.
>
> La production devra comporter les éléments suivants :
> - termes d'adresse (*Cher/Chère/Prénom*),
> - réalisations langagières en cohérence avec la consigne : raconter une journée, présenter une personne, présenter des activités.
> - formule finale (*À bientôt, Je t'embrasse...*),
> - signature.

Épreuve blanche

Production orale

Cette épreuve est composée de 3 parties et dure 15 minutes maximum au total.

- Page 93 : **Activité 1** - Entretien dirigé : parler de soi → **5 minutes environ**
- Page 94 : **Activité 2** - Échange d'informations (raconter et échanger à propos d'un événement) → **5 minutes environ**
- Page 95 : **Activité 3** - Dialogue simulé (demander, choisir quelque chose) → **5 minutes environ**

Descripteurs de la production/interaction orale

Avant de débuter l'évaluation des candidats, relisez les descripteurs concernant la compétence de production/interaction orale (ci-dessous). Ils vous indiquent ce que le candidat doit être capable de faire au niveau A1.

Niveau A1
Échelle globale : Le candidat peut comprendre des expressions familières et quotidiennes ainsi que des énoncés très simples visant à satisfaire des besoins concrets. Il peut se présenter ou présenter quelqu'un et poser à une personne des questions la concernant, par exemple sur son lieu d'habitation, ce qui lui appartient, etc., et peut répondre au même type de questions. Il peut communiquer de façon simple si l'interlocuteur parle lentement et distinctement et se montre coopératif.
Interaction orale : Le candidat peut interagir de façon simple, mais la communication dépend totalement de la répétition avec un débit plus lent, de la reformulation et des corrections. Peut répondre à des questions simples et en poser, réagir à des affirmations simples et en émettre dans le domaine des besoins immédiats ou sur des sujets très familiers. Le candidat est donc capable de : – présenter quelqu'un et d'utiliser des expressions élémentaires de salutation et de congé ; – demander à quelqu'un de ses nouvelles et y réagir ; – demander des objets à quelqu'un et lui en donner ; – se débrouiller avec les nombres, les quantités et l'heure ; – parler du temps avec des expressions simples telles que « la semaine prochaine », « vendredi dernier », « en novembre », « à 3 heures »… ; – produire des expressions simples isolées sur les gens et les choses ; – se décrire, décrire ce qu'il fait ainsi que son lieu d'habitation.

Les remarques et les **conseils** sont les mêmes que ceux du niveau A1.1. Reportez-vous à la page 42 de ce guide.

Grille d'évaluation de la production orale A1

	Ø Non répondu ou pas assez de matière évaluable	− A1 non acquis	+ A1 partiellement acquis	++ A1 acquis
Activité 1 : Entretien dirigé *5 min max.*				
Capacité à se présenter, à décrire ses activités Peut se présenter, parler de soi et de ses activités en utilisant les actes de parole appropriés à la situation.	☐ 0	☐ 1,5	☐ 3	☐ 4
Activité 2 : Échange d'informations *5 min max.*				
Capacité à décrire un événement Peut indiquer et décrire de façon simple ce que les personnes font, où elles sont.	☐ 0	☐ 0,5	☐ 1,5	☐ 2

A1

	Ø Non répondu ou pas assez de matière évaluable	− A1 non acquis	+ A1 partiellement acquis	++ A1 acquis
Capacité à répondre aux sollicitations Peut répondre à des questions simples sur un événement donné.	☐ 0	☐ 1	☐ 2	☐ 3
Activité 3 : Dialogue simulé *5 min max.*				
Capacité à interagir Peut poser des questions simples sur des sujets très familiers ou pour des besoins immédiats. Peut répondre à ce même type de questions.	☐ 0	☐ 2,5	☐ 4,5	☐ 6
Pour l'ensemble des 3 parties de l'épreuve				
Lexique Peut utiliser un répertoire élémentaire de mots isolés et d'expressions relatifs à des situations concrètes (son identité, sa maison, ses goûts, sa classe, etc.)	☐ 0	☐ 1	☐ 2	☐ 3
Morphosyntaxe Peut utiliser de façon limitée des structures syntaxiques et des formes grammaticales simples appartenant à un répertoire mémorisé.	☐ 0	☐ 1	☐ 2	☐ 3
Prononciation Peut prononcer un répertoire très limité d'expressions et de mots mémorisés. La prononciation est compréhensible avec quelque effort pour un locuteur natif habitué aux locuteurs du groupe linguistique du candidat.	☐ 0	☐ 0,5	☐ 1,5	☐ 2
Aisance, fluidité Peut se débrouiller avec des énoncés très courts, isolés, généralement stéréotypés, avec de nombreuses pauses pour chercher ses mots si besoin.	☐ 0	☐ 0,5	☐ 1,5	☐ 2

Total : ..../ **25 points**

Crédits iconographiques

Page	Position	Copyright
29	bg	Stellajune 3700 / Istockphoto.com
29	hd	La Montgolfière / Fotolia.com
29	hg	VGoodrich / Fotolia.com
34	1	Laurent Davaine / Fotolia.com
34	10	Arnaud / Fotolia.com
34	11	ABC photos / Fotolia.com
34	12	Éléonore Horiot / Fotolia.com
34	13	Aline Caldwell / Fotolia.com
34	2	Monkey Business / Fotolia.com
34	3	Chlorophylle / Fotolia.com
34	4	Jérôme Delahaye / Fotolia.com
34	5	Contrastwerkstatt / Fotolia.com
34	6	Sudheer Sakthan / Fotolia.com
34	7	Andrey Kiselev / Fotolia.com
34	8	Danielle Bonardelle / Fotolia.com
34	9	Gudmund Aarseth / Fotolia.com
35	1	Sashagala / Fotolia.com
35	2	Xuejun Li / Fotolia.com
35	3	Mauro Bighin / Fotolia.com
35	4	Marc Chapelat / Fotolia.com
35	5	Marc Chesneau / Fotolia.com
35	6	Philippe Devanne / Fotolia.com
38	1	Sapsiwai / Fotolia.com
38	2	Bernard Bailly / Fotolia.com
38	3	Tomboy / Fotolia.com
38	4	Frédéric Boutard / Fotolia.com
38	5	Andre / Fotolia.com
38	6	Liz Van Steenburgh / Fotolia.com
38	7	Paul Bodea / Fotolia.com
38	8	Morchella / Fotolia.com
38	9	Seen / Fotolia.com

Crédits des textes

Page	Position	Copyright
32	b	*La pluie*, paroles de Michèle Éliat, musique d'Yves Prual, extrait de *Au fil des flots* © Didier Jeunesse, Paris, 2006

Crédits sonores

Piste	Copyright
15	*Un, deux, trois*, extrait de *Les plus belles comptines des p'tits lascars 3-6 ans*, interprété par les enfants de l'école maternelle des Terrasses d'Avon, sous la direction musicale de Magdeleine Lerasle, accompagnés par Catherine Lemaire et Françoise Ménil. Studio : Tigrune Music © Didier Jeunesse, Paris, 2001
21	*Une poule sur un mur*, extrait de *Les plus belles comptines des p'tits lascars 3-6 ans*, interprété par les enfants de l'école maternelle des Terrasses d'Avon, sous la direction musicale de Magdeleine Lerasle, accompagnés par Catherine Lemaire et Françoise Ménil. Studio : Tigrune Music © Didier Jeunesse, Paris, 2001
24	*Bateau sur l'eau*, extrait de *Au fil des flots*, interprété par Nathalie Tual, Antoine Tual et Erell Tual, sous la direction musicale d'Yves Prual, accompagnés par Philippe Bizais, Bertrand Ripoche, arrangements par François Barré. Studio : Marzelle © Didier Jeunesse, Paris, 2006
24	*La pluie*, paroles de Michèle Éliat, musique d'Yves Prual, extrait de *Au fil des flots*, interprété par Nino Alexandre-Depecker, Rozenn Viville, Louise Pradel, Léa Joguet, Miléna Viville, Adèle Alexandre-Depecker, Florian Manœuvrier, Timothée Masson-Aveline et Cécile Bellocq-Lacoustete, sous la direction musicale d'Yves Prual, accompagnés par Philippe Bizais, Bertrand Ripoche, arrangements par François Barré. Studio : Marzelle © Didier Jeunesse, Paris, 2006

Achevé d'imprimer en France, en décembre 2015
par JOUVE - N° 2289264W
Dépôt légal : 6414/05